中国近代新闻学名著系列丛书

芮必峰◎主编

新闻史上的新时代

胡道静◎著

中国传媒大学出版社

·北京·

编 委 会

主　编　芮必峰

副主编　姜　红　刘　勇

编　委　贾　南　周　彤　张冰清　侯普曼

出版说明

本丛书整理再版了近代在中国用中文出版的经典新闻学著作，所涉及的图书既有专著、教材，也有译著，全面涵盖了新闻学理论、新闻业务、新闻史等领域，成书年份前后跨越40年。在这40年间，中国的新闻学科从无到有、从借鉴到创新，成就巨大。对这些著作的再次出版，为研究中国近代新闻学提供了珍贵的史料，绘制了中国近代新闻学的全景，度量了中国近代新闻学的厚度，填补了该领域空白，也为纪念中国新闻学诞生100周年献上了一份厚礼。

我们请中国人民大学新闻学院教授、博士生导师，广西大学新闻传播学院院长，教育部社会科学委员会委员兼新闻传播学科召集人郑保卫，及中国传媒大学传播研究院院长、教授、博士生导师，中央实施马克思主义理论研究和建设工程新闻学首席专家雷跃捷对本丛书的内容进行了审定，并根据专家的意见进行了修改。在此对两位专家所付出的辛勤劳动表示衷心感谢。

由于历史原因，本丛书中的个别图书存在一些问题，为保存历史原貌，为研究者提供一手的参考资料，影印时均基本保持其原貌，未作大的删改，希望读者结合当时的历史条件和历史环境，对其中的观点进行批判性借鉴。原书中存在一些错别字、漏字和排版错误，我们在影印时均未做改动，敬请读者注意。

由于原书出版年代久远，本丛书中的许多书籍难觅其踪，存世数量稀少，版权状况极其复杂。为了保证本丛书的学术性和完整性，我们将具有价值的图书先行选入其中，进行了抢救性发掘，力图保存中国新闻史珍贵的历史资料。版权所有人若有异议，请及时与我们联系。

为更好地体现中国近代新闻学的发展脉络，本丛书特别收录了欧美学者休曼的《实用新闻学》、斯蒂德的《新闻学的理论与实际》；日本学者松本君平的《新闻学》、后藤武男的《新闻纸研究》、杉村广太郎的《新闻概论》。当年这些书的出版对中国近代新闻学具有一定的借鉴意义。

本丛书为影印制作，成书清晰度由原书决定，由于出版年代久远，受当时生产力水平及制作方法限制，难免会存在一些缺陷，敬请读者谅解。

中国传媒大学出版社

总　序

如果从1903年商务印书馆编译出版日本人松本君平的《新闻学》算起，中国的新闻学已有115年历史①。如果从1918年北大新闻研究会建立，徐宝璜开办新闻学讲座算起，中国新闻学教育和研究迄今正好100年历史。我们搜集整理了清末至民国期间一些有代表性的新闻学书籍，希望借此重现早期中国近代新闻学的本来面貌，反映我国新闻学发展的历史脉络，我们认为，这对中国新闻学术、教育史研究以及中国近现代思想史研究都是很有意义的。

从1903年到1949年9月的40多年间，我国公开出版和内部印行的新闻学书籍，包括专著、教材、论文集、资料汇编、参考工具书等，约468种之多。②它们集中反映了我国新闻学的历史发展轨迹。然而，由于多种原因，这些书籍除了几本曾被重印出版外，大多已经是“只闻其名、难觅其踪”，这对我国新闻学研究不能不说是一个遗憾。

本丛书在梳理1903—1949年间出版的有代表性的新闻学书籍的基础上，精选了50部著作，校订注释，编纂再版，也算对这一遗憾的弥补。

从我们挑选的这50部新闻学书籍来看，中国早期新闻学的发展有三个鲜明的特点：

一、中国早期新闻学的发展与中国社会发展，尤其与国家民族利益息息相关

40多年间，中国新闻学从近乎空白到勃然而兴，这与中国社会的动荡、变

① 黄天鹏回顾新闻运动时说：“有清光绪二十八年，商务印书馆刊行《新闻学》一书，为我国人知有新闻学之始，原书为日人松本君平所著……”资料来源：黄天鹏．新闻运动之回顾［A］．黄天鹏．新闻学名论集［C］．上海：上海联合书店，1929．

② 林德海，等．中国新闻学书目大全1903—1987［M］．北京：新华出版社，1989．

革休戚相关。西方新闻学是现代化的产物，最早形成于19世纪末20世纪初。1901年，“新闻学”一词首见于中文报章[①]，但直到民国前夕，国人对于“新闻有学乎”尚存疑，认为报社就是新闻人才的“养成所”。至1912年上海报业俱进会以“吾国报业之不发达……其最大原因，则为无专门之人才”[②]为由，号召组织报业学堂，培养报业专门人才。不难看出，此时新闻界亦将新闻学视为办报之“技”。至1918年邵飘萍为徐宝璜《新闻学》作序仍“窃叹我国新闻界人才之寥落，良由无人以新闻为一学科而研究之者”[③]。黄天鹏把1903年至1918年新闻学研究会建立之前的十余年视为中国新闻学的启蒙期。[④]

1918年，随着以启蒙为目标的新文化运动愈演愈烈，新思潮涌入国门，“新学”“西学”站在旧传统的对立面被学界关注，新闻学思想也不例外。作为公学之首和新文化运动中心的北京大学率先开办新闻学研究会，力证了“新闻学”存在的正当性；徐宝璜《新闻学》一书问世，成为中国新闻学理论的奠基之作。新闻学教育兴起，新闻学研究著作渐盛，待到北伐前夕，中国新闻学从学理上和实践上俱已建立起来。

新文化运动后期，马克思主义传入中国，资本主义文明逐渐“祛魅”。之后的大萧条使得西方国家的痼疾暴露无遗，曾经“理想之彼方”的西方报业也难以幸免。在这一时代背景下，如何建立“吾国之报业”成为新闻学研究的热点，围绕这一热点，一方面，关于中外新闻理论、新闻事业、新闻业务的著作日益涌现；另一方面，军阀对于激进言论的暴力摧残，又引发了新闻人对于言论自由的论争。20世纪20年代的中国新闻学呈现百家争鸣之势。

“在这言论自由纷争之际，也有若干论调，认为新闻纸不过是一种政治宣传的工具，在新闻学方面也唱过所谓社会主义的新闻理论，不过这种论调没有完成，当头的国难已把这种理论粉碎。”[⑤]“九一八”事变后，面对空前的民族危机，“国家至上、民族至上”成为国论，报业成为勾连与动员社会的渠道和网络，

---

① 梁启超．本馆第一百册祝辞并论报馆之责任及本馆之经历［J］．清议报，1901（100）：1–8．

② 戈公振．中国报学史［M］．上海：上海书店，1989：278．

③ 徐宝璜．新闻学［M］．长春：时代文艺出版社，2009：7．

④ 黄天鹏．四十年来中国新闻学之演进［M］//龙伟，任羽中，王晓安，何林，吴浩．民国新闻教育史料选辑．北京：北京大学出版社，2010：149．（以下征引本书时，一律简注为《民国新闻教育史料选辑》。）黄天鹏在此文中提出他对于1903年到战事结束的40余年间中国新闻学发展阶段的划分，原载《中国新闻学会年刊》第1期，1942年9月。

⑤ 黄天鹏．四十年来中国新闻学之演进［M］//民国新闻教育史料选辑．北京：北京大学出版社，2010：161．

致力于推动“舆论统一”。直到全面抗战中期之前，以战争宣传动员为主要研究目标的“战时新闻学”都是新闻学研究的热点。

1943—1949年中华人民共和国成立前夕，随着战争形势的转变，抗日战争已现胜利的曙光，中国新闻学人开始构想新闻业的未来。萨空了①于1943年开始着手书写《科学的新闻学概论》，旨在提醒新闻人应“鉴于美英的前车”②，避免报纸“为大财阀资本家所独占”③，“积极地设法使报纸成为大多数民众自己的相互报道消息、提供意见的工具”④。

二、中国新闻学是“西学东渐”的产物，中国早期新闻学人大多具备西学背景

“西学东渐”的内在精神是中体西用。在“用”的招牌下，西学大量涌入。中国新闻学直接引自日本和美国。首先，中国最早的新闻学译著分别为1903年商务印书馆编辑出版的松本君平的《新闻学》和1913年美国记者休曼著、史青编译的《实用新闻学》。前者成为中国新闻学的开端，而后者作为美国第一本新闻教育著作，“提供采访编辑各种实际问题的解决方案”⑤，也奠定了中国新闻人对于新闻教育之作用的基本构想。

早期中国新闻学人大多具备留美留日的求学背景。徐宝璜曾于美国密歇根大学修习经济学与新闻学，其《新闻学》（1919）的参考文献包括在美国出版的图书23种、在英国出版的图书7种，印证了时任北大校长蔡元培所言，“新闻学之取资，以美为最便矣”⑥。任白涛求学日本早稻田大学政治经济学系时，加入了《朝日新闻》名记者杉村楚人冠等筹建的“大日本新闻学会”⑦，《应用新闻学》

① 萨空了（1907—1988）四川成都人，蒙古族，笔名了了、艾秋飚，记者、主编、新闻学家。1927年任《北京晚报》《世界日报》编辑记者、《世界画报》总编辑。曾任教民国学院新闻系、北京新闻专科学校。1935年任上海《立报》副刊主编、总编辑兼经理。中华人民共和国成立后任中央人民政府新闻总署副署长兼新闻摄影局局长、出版总署副署长、全国政协副秘书长兼《人民政协报》总编辑等职。负责主编《中国大百科全书·新闻出版》卷，著有《科学的新闻学概论》《科学的艺术概论》《宣传心理研究》等。

② 萨空了. 科学的新闻学概论［M］. 香港：文化供应社，1946：36.

③ 萨空了. 科学的新闻学概论［M］. 香港：文化供应社，1946：36.

④ 萨空了. 科学的新闻学概论［M］. 香港：文化供应社，1946：36.

⑤ 黄天鹏. 四十年来中国新闻学之演进［M］//龙伟，任羽中，王晓安，何林，吴浩. 民国新闻教育史料选辑，北京：北京大学出版社，2010：157.

⑥ 邓绍根. 中国新闻学的筚路蓝缕：北京大学新闻学研究会［M］. 北京：清华大学出版社，2015：228.

⑦ 1915年《朝日新闻》的杉村楚人冠等在庆应义塾大学创办“新闻研究会”并讲授课程，后根据该讲义出版了《最近新闻纸学》（1918）。其时，杉村楚人冠还兼任“大日本新闻学会”的筹建者与学会新闻讲座讲师。

（1922）正是仿照杉村楚人冠《最近新闻纸学》一书体例所做。[①]邵飘萍的《实际应用新闻学》（1923）亦参考了《最近新闻纸学》。[②]杉村楚人冠深受美、德新闻思想熏陶，美、日、德的新闻思想因故才传到中国。

事实上，正是留美、留日学生群体的新闻学著述构建起了中国早期新闻学的基本框架。仅本丛书所涉国内著（编）者30人中，剔除资料不详者3人，有留学经历者共计15人。其中留美5人：徐宝璜、伍超、赵敏恒[③]、戈公振[④]、曹用先[⑤]；留日8人：吴定九[⑥]、邵飘萍、黄天鹏、任白涛、张友渔[⑦]、谢六逸、袁殊[⑧]、王文萱[⑨]；

---

① 周光明. 近代新闻史论稿［M］. 北京：社会科学文献出版社，2014：276.

② 方晓红. 中国新闻简史［M］. 南京：南京师范大学出版社，1996：122.

③ 赵敏恒（1904—1961），记者、新闻学教授。早年就读于清华大学，1923年起先后于美国科罗拉多大学文学院、密苏里大学新闻学院、哥伦比亚大学新闻学院攻读英国文学和新闻学，并获新闻学硕士学位。1925年起在纽约环球通讯社当编辑。1927年回国，在国民政府外交部情报处短暂工作后加入路透社。1945年10月任《新闻报》总编，兼任复旦大学新闻学教授。

④ 留学两个及两个以上国家的，按其留学的第一个国家计。

⑤ 曹用先，女，宁波人，天津南开大学社会科毕业。1926年与未婚夫查良鉴自南开大学毕业后，同赴密歇根大学留学，1930年在该校安娜堡完婚。硕士毕业后回国，曾就职于上海商务印书馆编辑所并任教于大夏大学，1949年与查赴台，1951年4月病逝于台湾。

⑥ 吴定九（1890—1930），名鼎，字定九，嘉定人。著名报人，《京报》元勋之一，著有《新闻事业经营法》。公派赴日本名古屋学习土木工程时，与在东京政法学校读书的邵飘萍成为密友。1923年9月，私立北京平民大学设立报学系，时任京报社经理的吴定九担任教授并讲授专业课程"新闻经营法"。

⑦ 张友渔（1898—1992），原名张象鼎，字友彝，又名张忧虞，山西灵石人。法学家、政治学家、新闻学家。先后求学于山西第一师范学校，国立北平法政大学法律系。1927年任《国民晚报》社长兼总编辑。同年加入中国共产党，任中共北平市委委员兼秘书长。1930年赴日留学。"九一八"事变后回国任《世界日报》主笔及燕京大学、中国大学、民国大学、中法大学、北平大学法商学院教授，讲授宪法学、劳动法学、新闻学和日本问题。1943年起在重庆任中共南方局文委秘书长、《新华日报》社论委员会委员、中共重庆工作委员会候补委员兼政策研究室副主任、《新华日报》代总编辑等职。

⑧ 袁殊（1911—1987），中共谍报人员、记者、新闻学者。早年赴日攻读新闻学、东洋史。曾创办上海自修大学并设新闻专科。1931年3月创办的《文艺新闻》，最早揭露了左联五烈士被害的消息。1932年任新声通讯社记者，经潘汉年引介加入共产党。1942年卧底敌伪报纸《新中国报》，1945年10月转移到苏北解放区；1949年调入中央情报部门。著《记者道》《学校新闻讲话》《新闻大王赫斯特》等书；译《新闻法制论》等。

⑨ 王文萱，曾留学日本，1930年5月翻译杉村广太郎的《新闻概论》。1942年国立社会教育学院新闻系成立，王文萱在该系教授新闻业务课程。1947年年初，李宗仁授意萧一山在北平创办《经世日报》作为喉舌，任命王文萱、蓝文澄两位教授为主笔。

旅欧2人为胡愈之和储玉坤[①]（详情见表）。这些涉足新闻学研究的归国留学生兼容并蓄，汲取美、日、德等国新闻理论和马克思主义新闻思想的精华，进行本土化改良，亦从侧面反映出中国新闻学的理论来源。

三、中国早期新闻学人往往兼新闻实践、新闻教育、新闻研究于一身

1918年，北京大学新闻学研究会成立，徐宝璜负责讲授新闻学知识。他结合自身从业经验，参考欧美新闻学书目，形成课程讲义；再结合讲课心得，不断完善新闻学理论。1919年，国人自撰的第一本新闻学专著《新闻学》最终成书。徐在自序中细陈写书修书之过程："新闻学乃近世青年学问之一种，尚在发育时期。余对于斯学，虽曾稍事涉猎，然并无系统之研究。客岁蔡校长设立新闻学研究会，命余主任其事，并兼任导师。余乃于暑假中，正式加以研究，就所得著《新闻学大意》一篇，以为开会后讲演之用。……开会后，余继续研究，加以会员之质疑问难，时有心得，遂将原稿加以修改，成第二次之稿……"[②]显然，"曾稍事涉猎"指其曾经担任《晨报》主笔的工作经历。早期中国新闻学人兼具从业经验和新闻学教学经验者多会总结实践经验、丰富新闻理论、著书立说、传道授业，这种情况并不鲜见。

从早期新闻学著作的作者（编者）身份来看：本丛书涉及国内著（编）者30人，除李公凡、刘元钊和鲁风三人身份不详，仅蒋国珍[③]、项士元[④]二人没有明确的新闻从业经验。而在这25人中，更有20人兼具从业经历与从教经历。新闻学人大多具有新闻从业经历，学术研究、传承活动与新闻实践密不可分（详

---

① 储玉坤，1912年生，江苏宜兴人，笔名雨君、储华。1937年中央政治学校大学部新闻学及国际政治专业毕业。1938年1月任《文汇报》编辑兼社论撰述者；1938年5月担任《文汇报》法国哈瓦斯分社编辑；抗战胜利后，任《文汇报》总主笔。1946年5月转任《申报》主笔和法国新闻社远东分社中文部主任，兼任中国新闻专科学校教务长和沪江大学新闻系教授。著有《现代新闻学概论》《第二次世界大战史》《美国经济》。

② 邓绍根，中国新闻学的筚路蓝缕［M］. 北京：清华大学出版社，2015：244.

③ 蒋国珍出生于1896年，江苏溧阳人，做过学生运动领袖、国民党党员、教育工作者、政府职员、银行经理。曾加入上海学生运动，代表上海全国各界联合会、全国学生联合会、上海各界联合会、学生联合会四团体发声。虞文俊认为其传世的《中国新闻发达史》翻译自日本人伊藤武雄的《中国新闻发达史》，即蒋国珍应为此书的译者而非著者。

④ 项士元（1887—1959），佛教居士、学者。原名元勋，号慈圆，又号石槎。浙江临海人，通日、英、德、梵、俄文，一生佛学著作等身。25岁毕业于杭州府中学堂，后办私立小学和赤城初级师范，兼任各校教师；捐资并赠书创办了临海图书馆。项士元长期辗转江浙等地从事教育、新闻和史志方面的研究工作。中华人民共和国成立后主持台州文管会，任浙江省文史馆馆员。所著《浙江新闻史》是中国最早的新闻史之一。

见表1[①]）。

从新闻学著作本身来看，许多民国新闻学书籍正是新闻实践和新闻教育的直接产物：国人自撰的第一部新闻采访学专著——《实际应用新闻学》根据邵飘萍在北京大学新闻学研究会和平民大学新闻系的讲稿所著，《新闻学总论》一书则根据邵氏国立政法大学的新闻学讲义整理而成；周孝庵[②]根据自己在复旦大学的新闻学讲义编著了《最新实验新闻学》；郭步陶[③]的《本国新闻事业》是上海市私立申报新闻函授学校讲义之十一；而《新闻学的基础知识》本就是中美日报读讯会[④]为新闻学自修者所出版的教材《实用新闻学讲义》之一；储玉坤的《现代新闻学概论》则是专门为大学新闻理论教科书而编写的（详见表2）。

正是由于早期新闻学人兼新闻实践、新闻教育、新闻研究于一身，才能为理论教学与著述提供最鲜活的案例，促使新闻实践经验迅速融入新闻学理论研究。这是近代中国新闻学迅速发展的重要因素，对于当今的新闻学研究、新闻学教育工作也有重要启示。

本丛书编委会邀请相关领域资深专家进行研讨，认真甄选了书目，仔细进行了版本比较和甄别，从而保证了本丛书较高的学术权威性。

由于历史的局限，民国新闻学书籍的不足是明显的，如学术理论不成熟、部分话语和话题打上了深深的时代烙印等；又因书中涉及的新闻稿件写作于特定历史环境和历史年代，其表达方式不严谨亦不可避免。盖所选书目皆是历史文献，我们在审校中尽量保持其历史原貌，不做大的删改；对极个别对马克思

---

① 李秀云．留学生与中国新闻学［M］．天津：南开大学出版社，2009：239-251．本书中李秀云整理了民国期间从事新闻学研究的留学生44人，并分析其留学国别构成、专业构成、新闻实践经历、从教经历等。

② 周孝庵（1900—1973），佛教学者、律师、报人。松江府人。毕业于江苏省立第一商业学校。历任上海时事新报馆记者、编辑、主编，著《最新实验新闻学》。1928年秋被复旦大学聘为新闻学教授。曾于上海法政大学获法学学士学位，1930年兼律师。1932年主编上海《新闻报》“法律质疑”栏目、编著了《法律质疑汇编》。上海沦陷后，曾氏关闭了律师事务所，潜心佛学研究。

③ 郭步陶（1879—1962），原名成爽，后改名惜，字步陶。四川隆昌人。名记者、新闻研究者。1911—1917年任《申报》编辑，1917年任《新闻报》编辑主任、主笔。1930年任教于复旦大学新闻系。上海沦陷后赴香港，任职于《申报》（香港）、《星岛日报》；1939年创建中国新闻学院（香港）并任院长。抗战胜利后回沪任教于复旦大学、新中国学院。

④ 《中美日报》是“孤岛”时期的国民党报纸，为躲避日伪新闻检查，在美商罗斯福出版公司招牌下运作，副刊有《集纳》《堡垒》等。1938年11月创刊，1941年12月停刊，1945年8月复刊，次年4月终刊。总编先后为杨勋民、查修、詹文浒，总主笔周宪文，执笔者有储玉坤、章丹枫等。胡道静曾任英文编辑。报社读讯会为自修新闻学的读者出版了《实用新闻学讲义》，共计10种，对编辑术、采访术、评论作法、新闻写作、新闻学史、剪报工作等都有专篇论述。

主义、共产党等的不适当叙述已进行了删除处理。

本丛书规模较大，从策划项目、搜集资料、校订编纂到审稿成书，历时两年有余。这50本书可能并非本本经典，其中有些内容亦有重复、雷同之处，但瑕不掩瑜，它们对于研究中国新闻学功不可没，作为新闻史资料极具研究价值。感谢中国传媒大学出版社和安徽大学新闻传播学院诸位老师的辛勤付出，也希望读者在本丛书中能读出更丰富的内容，获得启发并更深入地思考。

丛书主编　芮必峰

2018年5月7日

附表：

表1　著者受教育、从业、从教及著述情况列表

序号	姓名	是否留学及留学国家	从业经历	从教经历	著作
1	徐宝璜	美国密歇根大学，经济学、新闻学	北京《晨报》主笔	北京大学新闻学研究会、北京平民大学新闻系	《新闻学》《新闻事业》
2	戈公振	1927年赴美国、日本考察新闻事业	首创《图画时报》、“上海新闻记者联合会”会长、《申报》总管理处设计处主任兼《申报星期画刊》主编	上海南方大学新闻系、上海国民大学新闻系、复旦大学新闻系、上海沪江大学商学院、上海民治新闻学院	《新闻学撮要》《中国报学史》《新闻学》
3	邵飘萍	东京政法学校	《汉民日报》主编、《时事新报》《申报》《时报》主笔、创办“北京新闻编译社”、《京报》社长	北京大学新闻学研究会、北京平民大学新闻系、国立法政大学	《实际应用新闻学》《新闻学总论》
4	吴定九	日本名古屋工业专门学校土木工程	主持《京报》	北京平民大学新闻系、国立法政大学	《新闻事业经营法》
5	谢六逸	日本早稻田大学东洋文学史	《立报》文艺副刊《言林》主编、《国民周刊》《趣味》周刊主编	复旦大学新闻系、申报新闻函授学校、国立社会教育学院新闻系、暨南大学新闻系、大夏大学新闻系	《实用新闻学》《国外新闻事业》《新闻储藏研究》
6	黄天鹏	日本早稻田大学新闻系硕士	在北平创刊《新闻学刊》并担任主编	复旦大学新闻系、上海沪江大学商学院新闻学科	《新闻文学概论》《中国新闻事业》《新闻学入门》《新闻学概要》
7	赵敏恒	美国科罗拉多大学文学院、密苏里大学新闻学院、哥伦比亚大学新闻学院攻读英国文学和新闻学，并获新闻学硕士学位	纽约环球通讯社编辑，后加入路透社。“九一八”事变后为美国国际新闻社、伦敦《每日电讯报》《朝日新闻》等供稿。1945年10月任《新闻报》总编辑	复旦大学新闻系、中央政治学校新闻系、暨南大学新闻系	《外人在华的新闻事业》

续表

序号	姓名	是否留学及留学国家	从业经历	从教经历	著作
8	周孝庵	无	历任上海时事新报馆记者、编辑、主编；主编《上海新闻报》“法律质疑”栏目	复旦大学新闻系、新闻大学函授科	《最新实验新闻学》
9	张友渔	1930年、1932年、1935年多次赴日学习新闻学、考察日本新闻事业	《世界日报》编辑、《大同晚报》总编辑、《国民晚报》社长、《泰晤士报》总编辑、《新华日报》社论委员	燕京大学新闻系、北平民国学院新闻系	《新闻之理论与现象》《日本新闻发达史》
10	袁殊	日本新闻专科学校、早稻田大学历史系	创办《文艺新闻》《译报》、新声通讯社记者	上海自修大学新闻专科	《记者道》《学校新闻讲话》《新闻大王赫斯特》《新闻法制论》（译）
11	胡愈之	1928年法国巴黎大学攻读国际法	《东方杂志》编辑、创办《公理日报》、哈瓦斯通讯社远东分社中文部编辑主任、主编新加坡《南洋商报》		《胡愈之出版文集》
12	储玉坤	留法	《新闻报》编辑、《文汇报》编辑、法国哈瓦斯通讯社中国分社编辑、《文汇报》总主笔、《申报》主笔、法国新闻社远东分社中文部主任	中国新闻专科学校、沪江大学新闻系、之江大学新闻系、致用大学新闻学系	《现代新闻学概论》
13	任白涛	日本早稻田大学政治经济学	创办中国新闻学社、《新湖北日报》总编辑		《应用新闻学》《综合新闻学》
14	曹用先	美国密歇根大学①	上海商务印书馆编辑所②	大夏大学③	《新闻学》

① 毛彦文．往事［M］．北京：商务印书馆，2012：28．

② 雪林．一段值得介绍的婚姻（红藏・生活・第四卷第三十八期）［M］．湘潭：湘潭大学出版社，2014：435-437．

③ 毛彦文．往事［M］．北京：商务印书馆，2012：28．

续表

序号	姓名	是否留学及留学国家	从业经历	从教经历	著作
15	王文萱	留日①	《经世日报》②	国立社会教育学院新闻系③	《新闻概论》（译）
16	伍超	留美“攻读新闻科”④			《新闻学大纲》
17	郭步陶	无	《申报》编辑、《新闻报》编辑主任兼主笔、《申报》（香港）、《星岛日报》编辑	复旦大学新闻系、《申报》新闻函授学校、中国新闻学院（香港）、新中国学院	《本国新闻事业》
18	任毕明⑤	无	《民国日报》《时报》《快报》主笔、《大众日报》总编辑	香港中华新闻学院	《战时新闻学》《评论学十讲》
19	赵君豪⑥	无	《申报》副总编辑	上海商学院新闻专修科、复旦大学新闻系、上海法政学院新闻专修科	《中国近代之报业》《上海报人的奋斗》

① 杉村广太郎. 新闻概论·黄序［M］. 王文萱，译. 上海：联合书店，1930.

② 冯国定. 忆萧一山先生［M］//中国人民政治协商会议北京市委员会文史资料研究委员会文史资料选编（第43辑），北京：北京出版社，1992：104.

③ 苏州大学社会教育学院. 峥嵘岁月（第三集）［M］. 北京、上海、南京、苏州校会. 1991：229.

④ 伍超. 新闻学大纲·自序［M］. 上海：商务印书馆，1925.

⑤ 任毕明，原名任大任，生于1904年，广东鹤山人。1925年在广西梧州创办《民国日报》，曾任《时报》《快报》主笔，主持过香港的《大众日报》。参与创办香港中华新闻学院，并任教。著作有《龙虎集》《风云集》《社会大学》《新社会大学》《战时新闻学》和《评论学十讲》等。

⑥ 赵君豪（1900—？）江苏兴化人。报人。“五四时期”求学于上海交通大学，经常给著名的《民国日报》副刊《觉悟》投稿，并与时任《觉悟》编辑的邵力子讨论种种社会改造问题。毕业后进入《申报》馆工作，抗战后任《申报》副总编辑。1929、1942年两度兼任复旦大学新闻系编辑教授；1930年兼任上海法政学院新闻专修科教授，讲授采访学；曾任《申报》新闻函授学校教授。1944年10月在重庆出版《上海报人的奋斗》。

续表

序号	姓名	是否留学及留学国家	从业经历	从教经历	著作
20	杜绍文[①]	无	杭州《民国日报》国际版编辑、《东南日报》《前线日报》主笔兼《新闻战线》周刊主编、《东南日报》总编辑、《文汇报》办公室主任	复旦大学新闻系	《新闻政策》《中国报人之路》《战时报学讲话》《国际新闻纵横谈》
21	胡道静[②]	无	《万有文库》编辑、上海通志馆编修、《通报》《中美日报》《大晚报》等报记者、编辑、撰稿人	上海法政学院新闻专修科	《上海新闻事业之史的发展》
22	张静庐	无	创办上海杂志公司并出任总经理		《中国的新闻记者与新闻纸》《中国近代出版史料》《中国现代出版史料》《中国出版史料》《在出版界二十年》
23	萨空了	无	《北京晚报》编辑记者、《世界日报》画刊编辑、《世界画报》总编辑、天津《大公报》艺术半月刊主编	民国学院新闻系、北京新闻专科学校	《科学的新闻学概论》

① 杜绍文（1909—？），又名杜超彬，广东澄海人。1927年入复旦大学中文学新闻组学习，1931年留校助教。后任杭州《民国日报》国际版编辑、资料室主任、浙江《东南日报》主笔。抗战期间主编浙江战时新闻学会会刊《战时记者》月刊,《国民日报》总编辑、社长；抗战胜利后任上海《前线日报》主笔兼《新闻战线》周刊主编。1946年至1951年间任复旦大学新闻系教授，1952年任上海《文汇报》记者、编委办公室主任。著有《新闻政策》《中国报人之路》《战时报学讲话》《国际新闻纵横谈》。

② 胡道静（1913—2003），安徽泾县人。1931年毕业于上海持志大学国语系。曾参加《万有文库》编辑和上海通志馆编修工作。“孤岛”时期坚守上海新闻界抗日宣传工作，任《通报》《中美日报》《大晚报》《密勒氏评论报》记者、编辑、撰稿人，同时在上海法政学院新闻专修科讲授新闻史课程，为共产党的抗日宣传培养新闻干部。1949年后历任中华书局上海编辑所编辑、上海人民出版社编审等。

续表

序号	姓名	是否留学及留学国家	从业经历	从教经历	著作
24	管照微①		复旦大学校刊编辑、1931 年兼任上海新闻社记者	兰州大学经济系	编《新闻学论集》
25	项士元				
26	蒋国珍	疑为《中国新闻发达史》的译者而非著者②			
28	李公凡	不详			
27	鲁风	不详			
28	刘元钊	不详			

① 管照微，高中就读于上海立达学园，曾与王济深、刘仲达、唐旭之等先后组织了“时潮社”和“立达剧团”。后进入复旦大学新闻系学习，与伍梦窗、林楚君、向浦、徐之津等加入了复旦大学“左联”，并负责复旦大学的校刊编辑工作。1933年12月21日因宣传左翼思想被捕，后任教于兰州大学经济系。

② 虞文俊是东亚中国新闻史研究第一人。《中国新闻发达史》译者蒋国珍初考［J］. 新闻界，2015（15）.

表2　书目

序号	年份	书名	作者	备注
1	1903	新闻学	〔日〕松本君平　著	
2	1913	实用新闻学	〔美〕休曼著　史青译	
3	1919.12	新闻学	徐宝璜①　著	北京大学 新闻研究会讲稿
4	1922.11	应用新闻学	任白涛②　著	
5	1923.8	实际应用新闻学	邵振青　著	北京平民大学、 国立法政大学讲义
6	1924.4	新闻事业	徐宝璜　胡愈之　著	
7	1924.6	新闻学总论	邵飘萍　著	
8	1925.1	新闻学大纲	伍超　著	
9	1925.2	新闻学撮要	戈公振③　编	
10	1927.9	中国新闻发达史	蒋国珍　著	
11	1927.11	中国报学史	戈公振　著	
12	1928.9	中国的新闻纸	张静庐　著	
13	1928.11	最新实验新闻学（上）	周孝庵　著	复旦大学新闻系
14	1928.11	最新实验新闻学（下）	周孝庵　著	复旦大学新闻系
15	1930.4	新闻事业经营法	吴定九　著	
16	1930.5	新闻概论	〔日〕杉村广太郎　著 王文萱　译	

① 徐宝璜，中国新闻学者、新闻教育家。1912年毕业于北京大学，后公费留美，于密歇根大学攻读经济学、新闻学。徐宝璜在美国密苏里大学受过系统的新闻学教育。

② 任白涛，笔名冷公、一碧，河南南阳人。1911年辛亥革命后，先后担任上海《民立报》《神州日报》《新闻报》驻河南特约通讯员，参加当地反袁活动。1916年留学日本，在早稻田大学攻读政治经济学，并加入了大日本新闻学会。

③ 戈公振所著的《中国报学史》最早由上海商务印书馆出版，是研究新闻学和我国新闻事业发展史的开山之作，国内外新闻界将之誉为中国首部新闻史学权威著作。任教上海国民大学期间，戈公振开始着手《中国报学史》一书的写作。在从事新闻工作之余，戈公振致力于新闻教育事业和新闻学研究工作，曾在上海国民大学、南方大学、大夏大学、复旦大学等校新闻系和杭州暑假报学讲习所讲授新闻学方面的课程，在新闻学研究上留下了许多著述。

续表

序号	年份	书名	作者	备注
17	1930.8	中国新闻事业（上）	黄天鹏[①] 著	
18	1930.8	中国新闻事业（下）	黄天鹏 著	
19	1930.8	新闻纸研究	〔日〕后藤武男 著 俞康德 译述	
20	1930.9	浙江新闻史（上）	项士元 编	
21	1930.9	浙江新闻史（下）	项士元 编	
22	1932.7	学校新闻讲话	袁殊 著	
23	1932.8	外人在华的新闻事业	赵敏恒 著	
24	1933.4	新闻学入门	黄天鹏 著	
25	1933.10	新闻学论集	管照微 编	复旦新闻学会丛书
26	1935	实用新闻学（上）	谢六逸[②] 编	申报新闻函授学校讲义之三
27	1935	实用新闻学（下）	谢六逸 编	申报新闻函授学校讲义之三
28	1934.1	新闻学	曹用先	
29	1934.2	新闻学概要	黄天鹏 编	复旦大学讲义、上海沪江大学新闻学专修科
30	1935	上海新闻事业之史的发展	胡道静 著	
31	1936.5	新闻学讲话	刘元钊 编著	

① 黄天鹏，字天鹏，别号天庐。1927年1月，他创办了我国首个新闻学刊（1929年扩改为《报学月刊》）并任主编；他是我国新闻学术史上最早研究新闻学之产生及发展史的学者，是我国具有新闻学术史观的第一人。他于1923年就读于北京平民大学报学系，1929年留学日本,修业新研究所,旋入早稻田大学新闻系。归国后出版了《新闻文学概论》《中国新闻事业》《新闻学入门》《新闻学概要》等十余本新闻学专著。

② 谢六逸，中国现代新闻教育事业的奠基者之一。著名的作家、翻译家、教授。1917年以公费生身份赴日就读于早稻田大学。1922年毕业归国，入商务印书馆工作。后历任神州女校教务主任及暨南大学、复旦大学、大夏大学教授。1930年任复旦大学中文系主任，并创设了后来闻名海内外的复旦大学新闻系，任主任。

续表

序号	年份	书名	作者	备注
32	1936	本国新闻事业	郭步陶 编著	申报新闻函授学校讲义十一
33	1936.6	新闻之理论与现象	张友渔 著	
34	1936.11	记者道	袁殊 著	
35	1937.7	现代新闻学概论	储玉坤 著	国民党政府唯一指定大学新闻理论教科书
36	1938.7	战时新闻学	任毕明 著	
37	1938.9	中国近代之报业（上）	赵君豪 著	
38	1938.9	中国近代之报业（下）	赵君豪 著	
39	1938.10	基础新闻学	李公凡 著	
40	1939.7	中国报人之路	杜绍文 著	
41	1940.4	新闻学	戈公振 著	1932 年完稿，另有 1947 年版
42	1941	新闻学的基础知识（上）	中美日报读讯会 编	中美日报读讯会实用新闻学讲义
43	1941	新闻学的基础知识（下）	中美日报读讯会 编	中美日报读讯会实用新闻学讲义
44	1941.7	综合新闻学 1	任白涛 著	
45	1941.7	综合新闻学 2	任白涛 著	
46	1941.7	综合新闻学 3	任白涛 著	
47	1944.9	新闻学	鲁风 著	新中国自修学院约稿
48	1946.6	科学的新闻学概论	萨空了 著	另有 1945.3 出版的署名艾秋飚的版本
49	1946.11	新闻史上的新时代	胡道静 著	
50	1947.12	新闻学的理论与实际	〔英〕斯蒂德 著 王季深 吴饮冰 译	上海文化函授学校读本

新聞史上的新時代：自序

這本冊子包括三個部份：第一是圖片，第二是「新聞史上的新時代」等文字五篇，第三是「報壇逸話」。內容的重心，是在於提供一些有關新聞事業史的資料和意見，希望對於此種學術的研究者能作參考之助。

「報壇逸話」這一部份，現在是再版了。「逸話」計包括三十八篇文字，是我在民國二十七年十一月至二十八年八月間陸續寫成的，內容是有關於報業發展的經過，報業一般的現況等紀述；其中多數資料是敍述本國的報業，及與本國報業有密切關係的事實。這些文字曾發表於上海中美日報「集納版」，大美晚報「記者周刊」及浙江戰時新聞學會出版的「戰時記者」上。二十九年夏，因爲詹文滸先生的鼓勵，遂彙交世界書局印成一本小冊子，名爲「報壇逸話」，於是年九月出版。

「報壇逸話」出版後不久，太平洋戰爭爆發了，上海區域完全淪入敵手。前此我們在上海作新聞戰鬥工作的同志們，至是奉中央宣傳部命，分道內移。我也就離開了我生長，學習，工作和遊憩之地的上海到內地去；這一次移動，把我歷年搜集的新聞事業資料，大半都丟掉了，（詳細的經過，請閱本書「新聞史的先遣工作」篇中。）所以，「逸話」中所保存的一部份有關的史料，或者不是再能夠搜集得到的；而要我再寫這一類的文字，也不再是容易的事了。

「逸話」中我所注意寫的題材，正是屬於向來極爲散漫的資料；並且在普通的記載上，多有疏漏與舛誤。現在好把它們串在一起，並且乘機考訂，加以校正。在寫作的時候，原屬乎興趣；寫好以後，居然也能對於研究新聞史者略有幫助。國立北平圖書館出版的圖書季刊新三卷第一二期合刊本上曾有一段介紹說：『本書著者胡道靜氏歷任滬上各報編輯，對於滬上報界掌故，熟悉如數家珍，故本書內容頗豐富，敍述我國報業發達經過及近年一般狀況，甚爲眞切；關於外國在華報紙及中外通訊社，敍述尤爲詳贍。』自問這本書的價值，還不能夠上圖書季刊所評許的，不過其中保存的資料，可供參考，乃是事實。到東南內地後，很多新聞界的友人，向我索閱此書。但我內移時，因爲要穿過很長的淪陷區，加之我對於出門並不是內行，所以在行篋之中，連一張紙也沒有攜帶。後來我自己想檢閱這書，都沒有法子可以得到。

三十二年夏間，徐斌兄從貴陽來信，說他在旅途中買到了一冊我所著的「報壇逸話」。因此我知道西南後方的世界書局中還有此書。不久，趙君豪先生由滬過屯溪赴渝，我就請托他若在旅途中能購到此書，請代購幾冊寄給我。君豪先生果然在桂林代我購得了兩冊，由中國旅行社遞送給我。今天此書之所以能再版，還是因爲有君豪先生購贈我的原書做底本。

三十四年秋，戰事勝利結束，我由屯溪返滬。起先以爲到了上海，定可向世界書局獲得此書，那裏知道在三十一年的春天，敵軍搜查世界書局，將認爲「敵性」的書籍，連同紙型，一起搜去。所以「報壇逸話」在該局已一本無存。但朱聯保兄盼我能設法覓得原書一冊，交該局再版。本來君豪先生購贈我的兩冊，已經一冊送給了馬星野先生，一冊送給了前線日報「新聞戰綫」的首任編者郭釋之兄。現在是向釋之兄把送去了的東西又討回來做底本的。

近年來多奔波，生活又不安定，再也沒有從前那樣砙孜砙孜搜集資料的情緒。偶然還寫一些新聞學的文字，尤其是有關新聞事業史的文字，總覺得是浮泛得很。不過，也常有一些新的意見，其中「新聞史上的新時代」一篇闡述新聞史分期法的延展，自己認爲此項理論是能夠成立的，而且這是預見着新聞事業進展的一個新時代的來臨。所以，趁「報壇逸話」再版的機會，選擇了幾篇近年的有關報學的著作加入，並卽以「新聞史上的新時代」作爲書名。

以前我曾搜集了許多有紀念意義的報紙，以及有關新聞事業史的圖片，備作文字中的插圖之用。自然在那一次移動中也毀掉了不少。所幸仍有一小部名貴的資料，由震旦大學圖書館替我保存着，雖經四年困厄的時期，毫無損毀。在這四年中，我在後方也又搜集了一些抗戰期中報業的鴻爪。現在從中挑選出一部份來，製版載在卷首。看了這些圖片，我們對於新聞工作者堅忍奮發所留下的成績，自然更有親切之感。

在「報壇逸話」的寫作到出版的期間，在我幼稚的心情中，但感覺是一種個人的興趣。到這次「新聞史上的新時代」的出版，我深深地體會友情的可貴了。在此，我感謝前前後後一切直接或間接幫助和鼓勵我把這本書印成的朋友們！

中華民國三十五年八月胡道靜序於上海正言報社。

圖片

民治主義底瞭望

自由組織與部落

倡造民國之孫中山先生

民治精神底發展

代議制度的新研究

NORTH-CHINA DAILY NEWS

Anniversary Supplement of the Twenty-fifth Year of the Republic

THE ECONOMIC RECONSTRUCTION OF CHINA

By GENERAL CHIANG KAI-SHEK

Generalissimo Chiang Kai-shek

字林西報慶祝中華民國建國廿五年增刊

（扉頁載 蔣主席著「中國之經濟復興」）

時事新報五千號

紀念增刊

目次

本報五千號紀念辭

十四年來的基爾特社會主義

（第六號）

目次

一、開場白

二、基爾特社會主義大意

一、開場白

時事新報第五千號紀念增刊

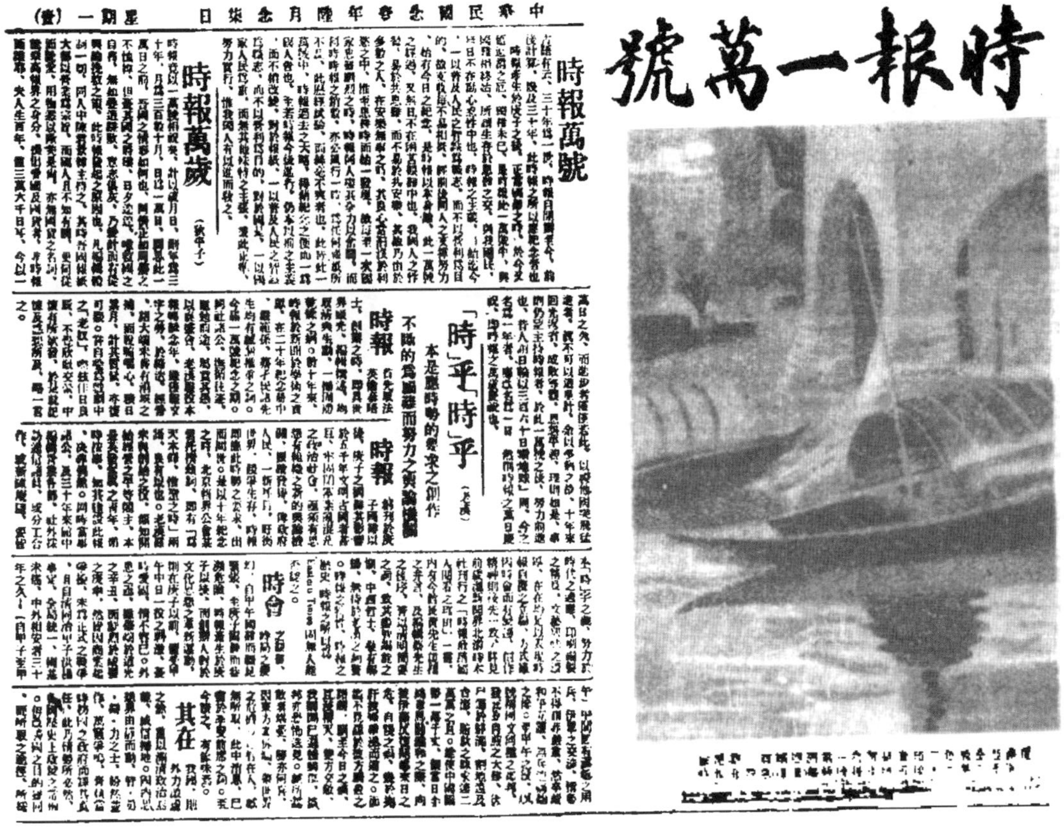

時報一萬號

時報萬號

時報萬歲

「時」乎「時」乎

時報

時會

其在

時報第一萬號（四色版套印）

Wheel Weaves COLORS Together for Television

Dr. Peter C. Goldmark, head of CBS engineering research and development, inspects a color wheel. Improvements in filters since 1941 have helped to reduce flickering. Sponsors declare this wheel reproduces colors more truly than films do.

COLOR television for which the Columbia Broadcasting System has gone to bat began last winter with transmission of movies; direct transmission of street scenes by means of a live color television camera is promised this summer.

Actually, persons gathered around a Columbia ultra-high-frequency television receiver are seeing an extremely rapid series of one-color pictures—first red, then blue, then green. The pictures are seen through a rapidly revolving color filter, which is mounted in front of the set's viewing tube, and the persistence of vision within the watcher's eyes causes the images to appear in their natural colors.

The color television image is produced by modulating a 10-megacycle video band, wider than in prewar tests (PSM, July '41, p. 65), and is composed of 525 lines of red, 525 lines of blue, and 525 lines of green. They are transmitted in that order, but a complete three-color frame is received in 1/20 of a second.

Whatever the color television camera picks up is reproduced in exactly the same way. If a black and white newsreel were to follow a studio program in color it would not be necessary to change the dial setting on the receiver.

This receiver enlarges pictures on a 10-inch tube to 12 inches in diameter. Early television pictures were limited to about two by three inches. CBS color television permits images of any size.

Photographed as it appeared on a receiver's screen, this image has been enlarged to 21 inches in diameter from the face of a five-inch tube. Radio and video-frequency components are the same as in set at left.

無線電傳彩色電影

新青年專頁（四色版套印木刻）

中央廣播電台每日電訊●●

海防收錄中央電訊社廣州代印

中華民國二十八年十二月廿一日

（第八十五號）

油印報紙（「中央廣播電台每日電訊」海防版）

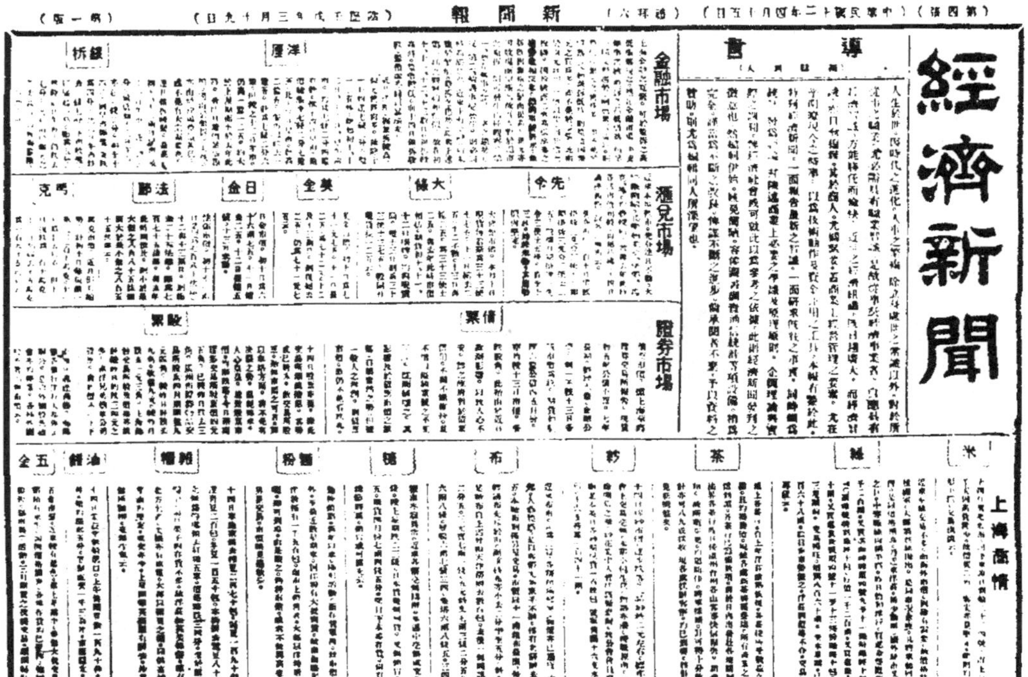
新聞報
經濟新聞
導言
金融市場
匯兌市場
證券市場
洋釐
銀拆
先令
大條
美金
日金
法郎
馬克
債票
股票
上海商情
米
絲
茶
紗
布
糖
麵粉
雜糧
油餅
五金
國外經濟事情
國內經濟事情
國際金融公司組織案通過
三月份日本之對華貿易
德國輸出激減

新聞報「經濟新聞」創刊號

SHUN PAO AUTOMOBILE SECTION

申報汽車增刊

A WEEKLY EDITION DEVOTED TO AUTOMOTIVE INTERESTS IN CHINA

SUNDAY, NOVEMBER 27, 1921

THE "SHUN PAO" AUTOMOBILE SECTION

Automobile Topics Week by Week

Introductory Remarks

(Continued on page 2)

◉汽車增刊宣言

申報汽車增刊創刊號

第一號
民國十年五月十日
文學的定義

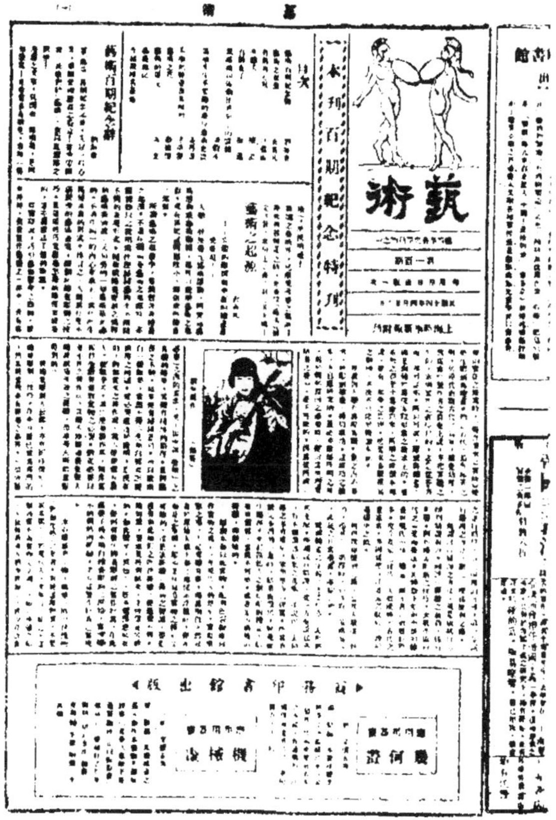
藝術
本刊百期紀念特刊
藝術之起源
商務印書館出版

時事新報的兩種文藝附刊
（一）「文學旬刊」創刊號（二）「藝術」週刊第一百期紀念號

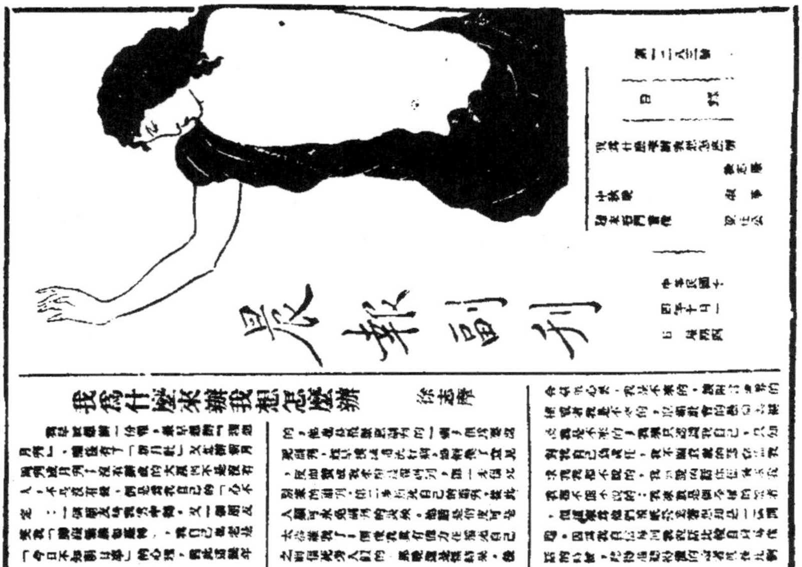

晨報副刊

我爲什麽來辦我想怎麽辦

徐志摩

晨报副刊（徐志摩接编之第一天）

中華民國三十八年八月十二日　重慶各報聯合版　星期六　第一張

重慶各報聯合版

第九十九號

重慶各報聯合委員會啟事

重慶各報聯合委員會經理委員會啟事

本報代收捐助款物總報告

啟事

南京新民報八一三復刊啟事

時事新報啟事

掃蕩報復刊啟事

中央日報復刊啟事

西南日報啟事

新華日報復刊啟事

重慶南京晚報社啟事

歐亞文化復刊啟事

重慶衛戍總司令部

衛戍總部居住證

財政部通告

重慶各報聯合版（最後一號）

記者節雲南新聞界義賣聯合版

記者節雲南新聞界義賣聯合版

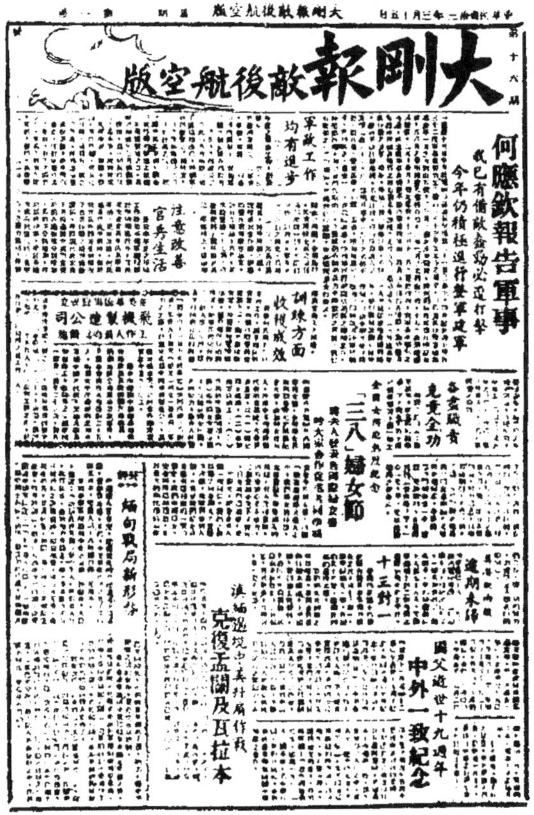

大剛報敵後航空版

何應欽報告軍事

我已有備敵企圖必遭打擊

今年仍積極進行整軍建軍

軍政工作均有進步

注意改善官兵生活

訓練方面收復成效

「三八」婦女節

各黨敵責克竟全功

遠期未歸

十三對一

國父逝世十九週年中外一致紀念

滇緬邊境我軍再度出擊克復孟關及瓦拉本

緬甸戰局新形勢

天亮報

盟機轟炸倭本土將投彈二百萬噸

創刊詞

請戴上你的黑眼鏡

敵後報紙（大剛報「敵後航空版」及「天亮報」）

湖南中央日報遷邵三週紀念特刊

各地中央日報改爲「企業化」之嚆矢

（成都中央日報改名中興日報之第一天）

邊疆報紙（「西康新聞」及「新疆日報」）

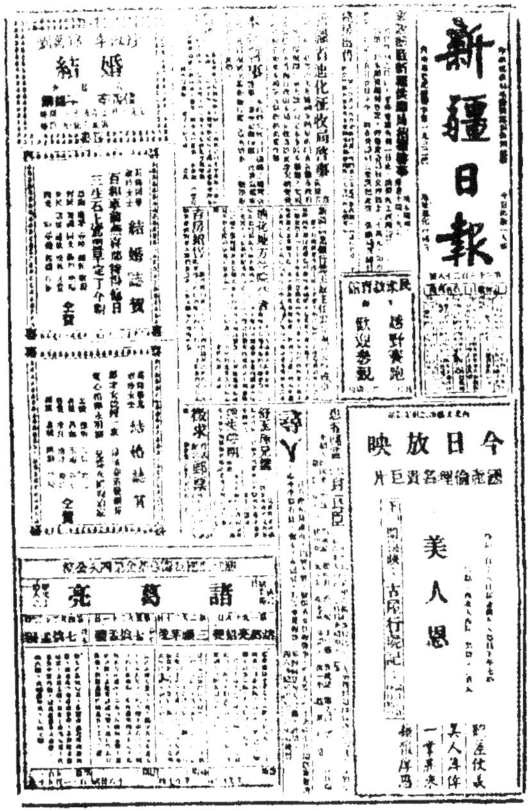

新疆日報

結婚

今日放映

美人恩

諸葛亮

西康新聞

時代社

美關切遠東情勢

與英澳進行談判

YENCHING NEWS

CHENGTU EDITION

Vol. II — Chengtu, Szechwan, China; Sunday, December 24, 1944 — No. 15

CHRISTIAN UNIVERSITIES TO CELEBRATE CHRISTMAS DAY

Messiah Performed By Six Universities' Choral Society

Cheeloo's 80th Anniversary To Be Celebrated

Sixteen Thousand Educated Youths Enlist In Szechwan

Yenching's New Friend, Mr Shen As Chief Secretary

LETTER TO THE EDITOR

J. L. Stuart Told Of Yenching In Free China

Boy Scouts In Chungking Render War-Time Service

EDITOR'S NOTE

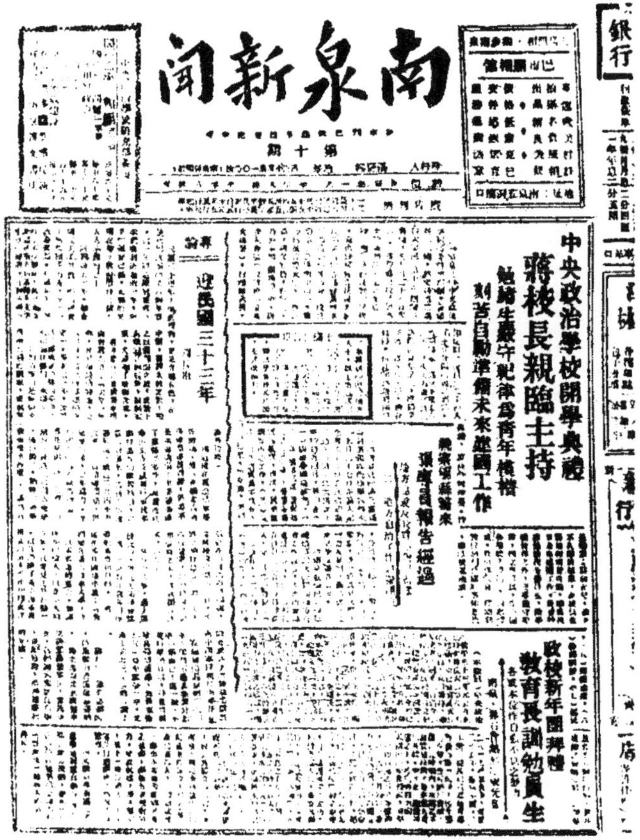

南泉新聞

第十期

中央政治學校開學典禮 蔣校長親臨主持

勉諸生嚴守紀律為青年楷模 刻苦自勵準備未來建國工作

迎民國三十三年

政校新年團拜禮 教育長訓勉員生

學校報紙（「南泉新聞」及「燕京新聞」成都版）

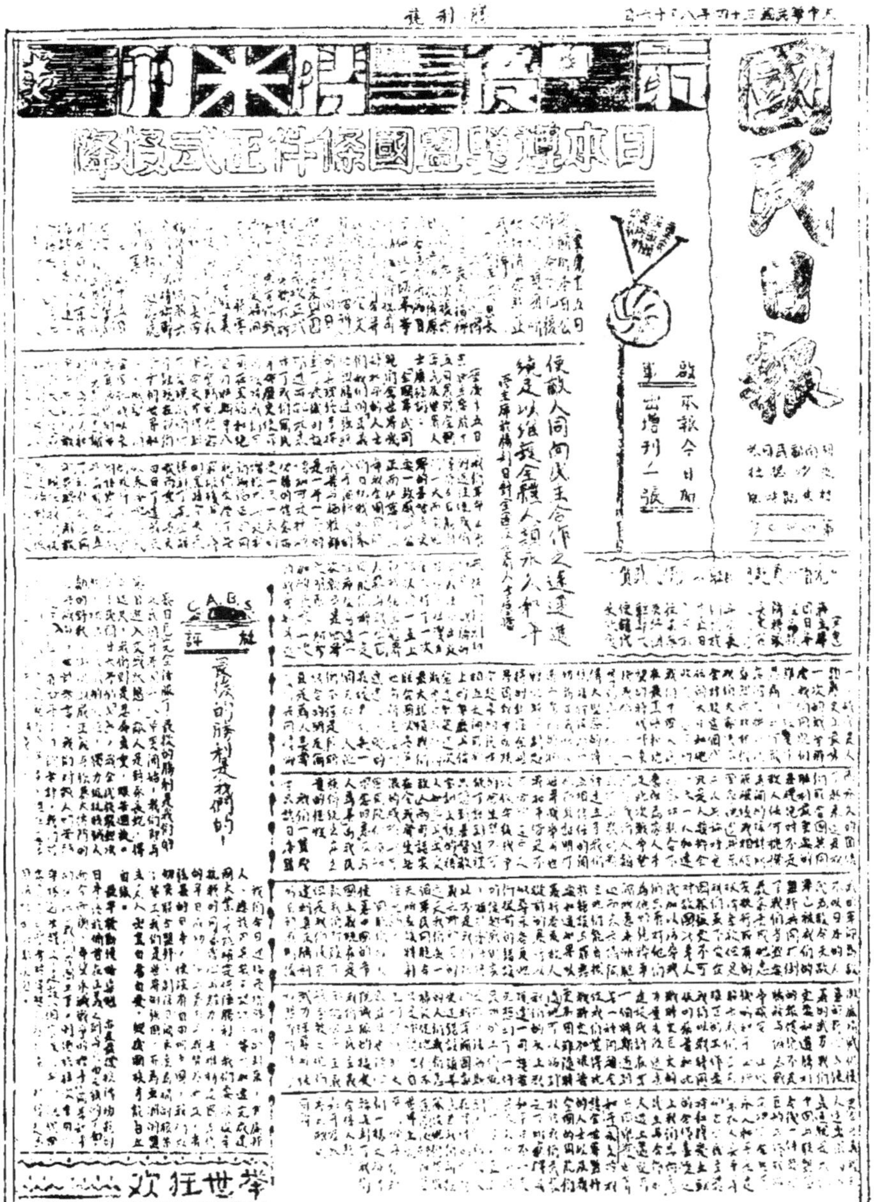

油印報紙（國民日報桂東臨時版）

John V. L. Hogan, one of the pioneers of facsimile, points to a picture transmitter. The equipment at his back, topped by the cylinder, is the scanner.

Home reception of a radio newspaper. The receiver can either be built into a radio or used as a separate unit. It is about as large as a phonograph.

Printing by Radio

Broadcasters are ready and suitable receivers may be available this year.

AFTER more than 10 years in the laboratories, facsimile broadcasting is getting ready to make its public debut. The printing of text and pictures by radio is widely expected to be one of the industry's most significant developments.

Because of the speed with which facsimile can print late news reports in your home, many people think it will make newspapers obsolete. Much of the experimental work, however, has been conducted by newspapers and radio stations who see radio printing as an extension rather than a replacement. The pictures on this page illustrate two of the recently announced systems.

A page to be broadcast is placed on a revolving cylinder and scanned by an electric eye. The optical system responds by translating the varying degrees of light intensity into electrical impulses. At the recording end, these impulses activate a sheet of sensitized paper, turning it black in the same degree as the picture signal being received.

Comfortably readable print can be transmitted at about 500 words a minute, or four times as fast as the spoken word. With a timing device, your morning paper can be printed at home while you sleep.

On a pilot boat in Ambrose Channel, New York Harbor, the captain sends a facsimile message to Western Union announcing the arrival of a steamship. It's part of W.U.'s marine news service.

無線電印刷報紙

【上】無線電傳真新聞照片

（義大利人民歡迎美軍登陸情形，此照片係由北非阿爾及爾電傳至美國。）

【下】電流傳遞之人像放大圖

（將電流傳遞之人像放大，以顯明此人像乃由光線之輕重集合而成。細閱此圖，可證明藉電流之強弱變為光線之輕重之理。）

紐約時報所用之新式捲筒機

（每小時出報四萬五千份）

德國的手寫新聞

（創刊於一六八一年）

新聞史上的新時代：圖片說明

時報第一萬號（四色版套印）

上海「時報」於民國十六年夏購置德國福美（Vomag）廠所製之套色輪轉印報機一架，每小時可印二大頁報紙八萬一千份（卽單頁十六萬二千張），同時可套印紅黃藍三種原色或其他顏色。機中各處，均有空間，工人可入內視察。開關快慢，均用電力；油墨輸入亦然，可以濃淡隨意。紙之捲筒，有橡皮牽引，雖速度甚高，而無斷碎之虞。膠棍可自由分合，不須取出。每架時值十一萬餘元。

民國廿一年六月廿七日，爲時報第一萬號紀念，該報首頁時以三色版套印「威尼斯」圖，爲亞洲第一次報紙之以三色套印者。該頁連同黑色之文字，共爲四色。

新靑年專頁（四色版套印木刻）

抗戰起後，沿海都市報紙內移，後方新聞事業，頗呈蓬勃之觀。惟製造銅鋅版之器料缺乏，故報紙上之插圖，多以木刻代替，木刻藝術，因而在實用方面表現其偉大之貢獻；同時，是項藝術之研究工作亦趨進步與普遍。各地都有木刻藝術研究會之組織，在東南方面，則以福建之崇安爲其中心。三民主義靑年團福建支團部崇安分團部第八區隊於三十四年三月廿九日第二屆靑年節所編印之「新靑年專頁」，其扉頁插有四色版套印之木刻畫一幅，爲進步的木刻藝術之代表。此畫係另用紙片在原板上拓印後貼在整頁上者。

時事新報的兩種文藝附刊·晨報副刊

五四運動以後，北方及南方的重要報紙，競相改革副刊內容，以推進新文化運動爲事。其著名者爲北平「晨報副刊」，上海「民國日報」之「覺悟」及「時事新報」之「學燈」等。時事新報在「學燈」以外，另外有兩種副刊，一爲文學研究會編輯之「文學旬刊」，一爲藝術學會編輯之「藝術」週刊，皆曾對新文藝運動工作發生莫大的影響。「文學旬刊」自第八十一期起改爲週刊，其後復脫離時事新報而單獨出版，直至民國十八年始停刊，共發刊三百五十七期，爲中國新文學運動早期出版物發刊年代之最久者；玆以其民國十年五月十日創刊號之頁影印，彌足紀念。

重慶各報聯合版

民國二十八年五月四日，敵機濫炸陪都重慶，各報社址及設備，大部遭炸燬。全市報紙十家（中央日報，大公報，時事新報，新華日報，掃蕩報，國民公報，新蜀報，新民報，商務日報及西南日報）乃組織聯合委員會，自五月六日起出聯合版，在山洞中編印，爲我國新聞史上空前之大結合，其蠲棄私見，團結奮鬥之精神，炳耀寰宇，爲報壇一大紀念。一面各報進行疏散於四鄉及重建之工作，至八月十三日，各報恢復出版。聯合版至八月十二日結束，共出版九十九號。

大剛報「敵後航空版」．天亮報

衡陽「大剛報」於民國三十二年十二月二日起增刊「敵後航空版」，每週出版一次，八開紙印刷。每期均由駐華之美國空軍帶至武漢，南昌，廣州及香港等地散發。此爲我國新聞界向敵僞反攻之先聲。敵後航空版發行後，大剛報曾接武漢陷區讀者來信稱：敵後同胞拾得此報，爭先傳閱，極爲珍視。

「天亮報」爲美國陸軍聯絡站徽州站（U. S. Army Liaison Office, Hweichow）在上海發行之敵後報紙，其內容側重於向敵人作神經戰，曾發生奇妙之效果。該報之工作根據地在東南戰場之前進基地歙縣西干，姑主任為北上尉(Captain North)，該報編輯為陳錫禎。

中央日報・中興日報

中央日報為直屬中國國民黨中央執行委員會宣傳部之報紙，於民國十七年二月十日創刊於上海，至十八年二月遷移至首都所在地之南京出版。抗戰起後，移重慶出版。同時，中央宣傳部為加强國策的宣傳，開始計劃在各地普設中央日報，次第發刊者，有成都，貴陽，昆明，湖南，芷江，安徽，福建，廣西各版。湖南版初在長沙出版，戰時期中曾因戰局之發展而遷至邵陽，武岡，安江三地出版，戰事勝利後仍移返長沙。芷江版為貴陽版之分版，後停刊。安徽版在屯溪出版，係由上海撤退之新聞界同人前往經營，故戰事勝利結束後，移設至上海，發刊為上海版。福建版設永安，另有福州及漳州兩分版。福州失陷後，移閩清出版，三十四年五月，福州克復，仍返原地出版。戰事勝利結束後，福建版由永安移福州出版，原來之福州分版及漳州分版皆歸併焉。廣西版設桂林，桂林淪陷後，撤至百色發刊，戰事勝利後，仍返桂林出版。以上各版，均在抗戰期間創設；戰後新設者，有政府接收東北以後發刊之瀋陽版及長春版。至主要之一版，在國府還都南京以後，由渝遷返南京出版，渝市則改設陪都版。又，廬山為我國之「暑都」(Summer Capital)，夏季之政治中心在斯，故首都之中央日報每於暑期在牯嶺發刊廬山分版。

現在各地中央日報之發行人如下：（首都）馬星野（廬山）陸鏗（陪都）劉覺民（上海）馮有眞（成都）瞿冰森（貴陽）王亞明（昆明）錢滄碩（湖南）段夢暉（福建）陳還略（廣西）徐詠平（長春）潘公弼（瀋陽）趙漢野

民國三十四年初，各地中央日報即決定分別改組為公司組織，參加商股，實行「企業化」，其最初完成者爲成都中央日報，該報並於實行之日（三十五年七月一日）起改名爲「中興日報」。

國民日報桂東臨時版

湖南國民日報爲第九戰區長官司令部所辦之報紙，主版設長沙，分版設耒陽及沅陵。社長爲杜紹文。民國三十三年夏秋間，湘北敵沿粵漢鐵路南犯衡陽，長耒相繼失守，兩版撤至宜章白石渡，合併復刊。三十四年一月，敵寇又會犯粵漢線之南段，突襲湘粵間鐵路上之山洞橋樑，因情報欠佳，誤傳匪警，各方對之，絕不置意。迨敵人大量滲入，重要山頭被據，則欲抗已不能，欲逃已無及。故是役人民流離之苦，與夫物資損失之重，較長衡諸役尤過之。該報初無準備，於敵騎抵白石渡前兩小時，始行東撤，僅攜收報機電話等物，其餘鉛字印刷機等印報工具以及公私行裝，全部淪胥。三月初旬，應桂東沙田各省屬機關之請，發行臨時版，仿鉛印編制，以油印出版。該報艱苦卓絕之奮鬥精神，於此可見。

無線電傳彩色電影

美國哥倫比亞廣播公司試驗電傳有色電影，上圖示該公司工程研究部主任高爾特馬克博士檢查一「色輪」。自於一九四一年改進「濾器」後，能使閃光減少。下圖示「家用受像機」之銀幕上映出的有色電影。

無線電印刷報紙

圖㈠無線電傳眞廣播創製者霍根氏手指一具畫片傳播器。其背後之儀器爲「電眼」，頂端爲圓筒。㈡家庭中收到的一份無線電印刷的報紙。收錄器能够裝在無線電收音機中，或作爲單獨的設備。它的大小約如一架留聲機。㈢在紐約港恩勃雜斯峽之一隻領港船上，船長發出一張傳眞電報給西方聯合公司，報告汽船一艘到達之消息。此乃西方聯合公司海事新聞社之一部份。

新聞史上的新時代：目錄

報壇逸話

一 報紙的起源

二 邊疆報紙

七 通訊社

八 書評

九 雜俎

十　附篇

新聞史上的新時代

新聞史上的新時代

胡道靜著

一般談新聞事業史的，都習熟於「口頭新聞」「手寫新聞」和「印刷新聞」的三個進化階段的說法。但自第一次世界大戰以後，新聞事業已躍進到另一個新階段，即入於「廣播新聞」時代；而自第二次世界大戰以後，又探向再一個新的世紀，要成爲「電視新聞」的時代了。

新聞事業是一種錯綜複雜的社會形象的結合體，可是它的最基本的結構，或者說是它的最基本的服務是什麼呢？那就是：

（一）搜集；

（二）放送。

新聞事業是什麼？是搜集消息，和傳達消息的工作。原始的人傳達消息，靠他的嘴巴跟他的脚，收集消息靠他眼睛和耳朵。這就是新聞史上的「口頭新聞」時代。

可是人類的天賦的器官的能力夠有多大呢？人類從古就想把他們的眼睛變成千里眼，耳朵變成順風耳，嘴巴要成大喇叭，兩脚變做飛火輪。由於這種慾望，所以人類不斷地有「發明」

和「進步」。一切的發明跟進展，實際上無非是在擴張他們的天賦器官的能力而已——這個理論卽房龍寫的「人類的故事」中所成立的原則。

新聞是要新鮮的。一件事情第二次傳到你的耳朵裏，卽是舊聞而非新聞了。職業的新聞工作者，日夜在想用什麽方法可以迅速地獲得新聞，又迅速地把新聞傳達出去；不但傳達得「快」，而且要傳達得「遠」，傳達得「廣」。嘴巴和雙脚的本能限制了效率，於是一待「複述」和「交通」的工具有了任何的新發明，足以擴張口與足之效能者，立卽會影響到新聞事業而使報壇發生一種革命運動。

文字的發明使新聞事業有了第一次的革命。這兒我們講一個故事，說有白種人某，至非洲叢林區採集木材爲業，雇有土人操勞役，那些土人是不識文字，而且不知道文字這樣東西的。一日，在林中伐木，白人想起了某件工具忘記從家中攜出，乃用筆在一木片寫字數行，命工役持往家中交其妻閱看後將某物取來，其妻閱片，果然卽以某物交工役帶去，工役不禁大驚曰：「木片會得說話的麽？」

這故事是說明文字就是代替嘴巴的。

現在再說新聞史上的一件故事。在古羅馬時代，有一種專門採訪新聞的人，把他搜集的各地新聞分送給羅馬的訂戶，他有一條快船，船上有十二名知書識字的奴隸。船到一個村鎭，他卽上岸去打聽新聞，回到船上時，一邊開船，一邊向奴隸們口述新聞，命他們同時紀錄。待船返羅馬，他的新聞已經有了十二份拷貝，便拿去分發給訂戶。他利用文字傳達新聞，便能夠旣遠而廣；利用船隻來幫忙，就可以既快而遠。如果光靠嘴巴和雙脚，那能有這樣的效果呢？

從此，口頭新聞晉入手寫新聞時代。手也就此代替了嘴巴。

不過，手寫到底是很慢的，而且產量也不廣。人類就在想法把他們的寫字的能力大大地加强了，這結果是發明了印刷術。

我國發明木板雕刻的印刷術，大約在隋唐之間。據孫毓修氏中國雕版源流考，曾述及唐代「開元雜報」的木板雕印本。西方則在十五世紀時德人谷登堡發明「活版印刷術」，其後約一百數十年，始有印刷新聞之產生。一五六六年義大利刊行的「威尼斯政府官報」，是爲印刷新聞的鼻祖。最早的印刷機，極其幼稚，谷登堡所用之手搖印機，在十小時內最多能印七百張。迄十九世紀初，手搖印刷機始迭經改良而達完善之境。至一八二〇年，美人特勒維爾度英發明「脚踏印刷機」，其後逐漸改良，在一小時之內，便能印刷八百張至一千五百張。其最高產量，每小時爲谷登堡手搖機之二百十餘倍。

一八四六年，賀氏發明將鉛版澆成半圓形，裝在印機的圓筒上，並以機動力量代替人工，每一小時能印二千張，是爲輪轉印刷機之開始。後來逐漸進步，有高速度輪轉機的發明，如美國威斯荷特式機，能在一小時內印成三十二頁的報紙六萬份。人類的一隻寫字的手的能力，增强到了非常神奇的地步，同時也把代替報告新聞的一隻嘴巴的能力擴張到了可驚的程度了。

在印刷機械發展的過程中，供應新聞的一雙脚的能力，也在擴張之中。由於電訊交通的發明和進步，眞的「飛毛腿」和「神行太保」都實現了。在路透電訊社的創辦人裘理爲斯第路透開始經營商業新聞報道時，還沒有電訊交通，他爲了想把行市消息比郵車傳遞得快些，乃購信鴿多頭，飛來返於白魯塞爾與愛拉夏貝爾二地。信鴿所傳行市報告，較郵車可早到數小時，因之大受歡迎。而路透事業的基礎，也由此建立。及至十九世紀的五十年代，電訊設備已在歐美兩洲陸續建置；十九世紀的七十年代，亞洲的電訊設備也漸漸普及起來。以後新聞傳遞，豈祇是「朝發夕至」，簡直是「立發立至」了。

電報是利用符號來傳達語言；電話則是直接傳達語言，使嘴巴裏吐出來的聲音能夠直接傳達到本能力量範圍以外的地方。但是藉電話傳達的聲音，可以接通到極遠的地方，而不能使極多的人都聽到。這一個缺憾，終於由「無線電廣播」來彌補了。它能夠傳達得「快」，傳達得「遠」，又能夠傳達得「廣」。這一樣新鮮的發明——它是在第一次歐戰的前夜在比京附近的雷根城試驗成功的，而廣泛推行則在戰事結束以後——再也合適新聞事業的用場沒有了。以往一切的「複述」和「交通」的工具有了新發明時，沒有不被新聞事業利用過，以增加其搜集與放送消息的效率的。及至這樣完美的放送工具出現以後，怎麼不會被新聞事業所儘量採用呢？

世界的新聞事業，由此進入了一個前所未有的階段。

無線電廣播是一隻威力極大的喉嚨。我人若對着麥格爾風說話，藉電波放射，竟能無遠弗屆。所以無線電廣播發明之始，歐美各國往往以「斯登托里愛恩」(Stentorian)，稱播音人，「斯登脫里愛恩」一字，是由古希臘人名斯登托爾 (Stentor) 遞變而來。據荷馬史詩伊里亞特內紀載，斯登托爾爲公元前一二〇〇年特羅亞戰爭時希臘軍統帥部的傳令兵，能發巨聲。歷久試驗，皆可壓倒壯士五十人的同時呼喊，因而荷馬稱爲「銅喉英雄」。人們原都希望自己的喉嚨是銅喉，是金嗓子，到現在要做到這一點十分容易，而且大大地超出了期望呢。

傳達新聞利用無線電廣播做工具，從某方面說來，是很奇妙的，因爲又回到用嘴巴來報告新聞了——不過，現在這隻嘴巴的能力是非常強大了：尋常口頭發出的聲音，每秒鐘的聲速爲一千一百英尺；廣播音波的聲速則爲十六萬八千英里。

無線電廣播新聞，不僅是它本身傳遞得迅速，並且免除了印刷與發行的手續，所以廣播新聞員把新鮮的消息傳達到備有收音機者的耳朵裏，再也不是任何高速度的印刷新聞堪與賽跑了。因此，現在的報紙裏，很多的消息，是引用廣播新聞的。

一九三九年四月，美國國會通過法案，正式在國會設立廣播記者席，俾各大廣播公司派員攜帶發音設備至參衆兩院，當場採訪消息，或播送各種要案的討論情形。又，美軍反攻布肯維爾島之役，哥倫比亞廣播公司特派新聞廣播員隨美軍登陸，當灘頭陣地建立以後，那位新聞廣播員即在沙灘上布置發音設備，一面觀測作戰情形，一面自麥格爾風向全球聽衆報告。收聽戰況報告的，到了一句未完的言語時，突然就不聽見下文了。原來那位新聞廣播員已中了砲彈在最前線上殉職了。

× × × × ×

從口頭新聞到廣播新聞，記者所報告給聽者或讀者的，一律是「敍述」的而非「形象」的；但是新聞的產生，當然是形象的。在最初的時候，新聞記者沒有辦法把他的天賦的攝影機（

一雙眼睛）攝下的活動影片「複印」出來送給定戶。直到攝影術和照相銅版製法發明後，印刷新聞中才有「新聞照片」，把「形象的新聞」供給讀者。不過，「新聞照片」是呆照，而非活動的表現。及至「新聞電影」攝製放映以來，才完成形象新聞的供應。

一九二六年，特福萊氏（De Forest）完成「片邊錄音」（Sound on film）的有聲電影，繼之遂有「有聲新聞影片」，於是新聞發生時的形象和聲音，一併能紀錄下來和複演。無線電廣播的缺憾是不能夠「保留」，而「有聲新聞影片」則是「記錄性」的。不過，新聞影片自然也有其重大的缺點：第一，報紙的好處是在於你坐在家裏，也能夠知道天下事，西諺所謂："The world is in your home."

在中國的老古話，便是「秀才不出門，能知天下事」了。這是因爲報紙遞送到你家裏來的。廣播新聞也有同樣的好處。只要你家裏備有較精緻的收音機，你便能夠聽到世界各地的新聞報告。新聞電影便不行，非要你跑到影戲院子裏去看不可。一個人當然不能經常跑到固定的場所去求新聞，除非他是職業的新聞記者。第二，是太遲慢。新聞電影要經過攝製、沖洗、剪接、複印、發行等等手續，等到在電影院裏映在觀衆眼前，新聞事實上已成了舊聞，不過是叫大家看看當時的動作表現而已。

一九三二年淞滬抗日戰爭發生時，美國米高梅影片公司的駐滬新聞攝影員拍攝了戰地新聞片，交輪運香港，由香港載乘泛美公司飛機空運美國放映。這是以迅速的運輸幫助了新聞影片的時間價值，然而新聞影片之不能坐在家裏隨時觀看，以及其在「時效」上之缺憾，終不能使它在新聞界中佔一獨立之地位，有如廣播新聞之能獨當一面而啓闢新聞史上之新頁者。不過，此種缺憾終因「無線電傳電影」（或稱「電視」）的發明而完全獲得彌補，且因「電視」之日趨進步與發展，將使新聞事業的里程碑射出一道新奇的光芒。先是，在十九世紀的中葉，德人已開始電傳照片的試驗，至第一次世界大戰以後，「無線電傳眞」已在歐美普遍使用。於是雖遙隔萬里，甲地的照片可立刻傳遞至乙地。一九三六年五月，德國齊柏林號大飛船在洛杉磯繫碇站失慎，倫敦晚報，都立即刊登該飛船的焚燒照片，此項照片係用無線電傳遞橫越歐陸，圖形十分清楚。前日本電報通信社上海分社，亦裝有電傳設備，一九三四年馬尼剌大風災，該社由馬埠發來之市街受災情形電傳照片，次日即在上海報紙刊載。第二次大戰中，歐亞戰場的各種新聞照片，大多由電傳遞至新大陸，在美國報紙上迅速刊載。可是，我們應當注意，電傳寫眞所傳遞的新聞照片，也祇是呆照，而非動態的表現。它幫助了印刷新聞有更完美迅速的表現，但不能獨闢蹊徑而自成一家。

「電視」是在一九二五年經英人巴德（J. L. Baird）研究成功的。但其時所映出的人物，僅一模糊的輪廓。至一九三三年，美人曹爾根博士發明了電傳電影用的眞空管，才有了很完美的進步，對於野外景緻及舞台場面，也能傳映得比較明顯。「電傳電影」和電影一樣，一秒鐘內能轉廿五片照像。因之，備有「受像機」的人，可以坐在家裏像在影戲院裏看電影一樣地，看到在遠的地方發生的事像，以及演藝會、運動會等盛大集會的實況。

「電視」的研究，到第二次大戰以後，已臻完美境地。在運用方面，也正在大規模地開展，據美國新聞處紐約一九四六年七月四日電云：

「美國籌備以六千萬元建立無線電傳眞電影攝製中心，現已竣事，地點在紐約，佔地一千英畝。」

這是當代歷史上的一件極重大的事件，其重要性不亞於第一次歐戰將結束時美洲無線電公司（RCA）的組設。

「電視新聞」雖然還沒有正式出現，但是我人必須要準備迎接這新聞史上的新時代來臨了！將來的新聞記者，必須是現在的新聞電影記者乃能優爲之，他在出事地點所攝取的新聞電影，迅速送到「電視中心」，或逕在出事地點用小型電傳器將影片傳達至「電視中心」，立卽由「電視中心」播送出去。於是全世界的人士，坐在家里的沙發椅上，旋開「受像機」正像他們在上一時代旋開「收音機」時，便可以用眼睛看到全世界新發生事件的形象，正像他們以往可以用耳朵聽取全球新聞報告一般。

一九四六年七月一日，美國海軍在比基尼島試驗投擲原子炸彈，目標船上置有播音器，與廣播試驗投彈情形新聞的電台相連繫。廣播新聞之際，無線電聽衆首先卽可聽得目標艦「本雪爾凡尼亞」號上電氣節奏器所發出之「滴搭・滴搭」聲。記者船「阿派拉欽」號距目標艦十五英里，亦備有擴音器，廣播原子彈爆炸聲。我人相信此一幕若於五年或十年後表演時，佈置傳達此項新聞的，將用電視而不用廣播，全球人士不僅可聞其聲，抑且可立見其形了。

人類史上的「天眼通」，至此乃告實現。「形象新聞」的發展過程，列表如次：

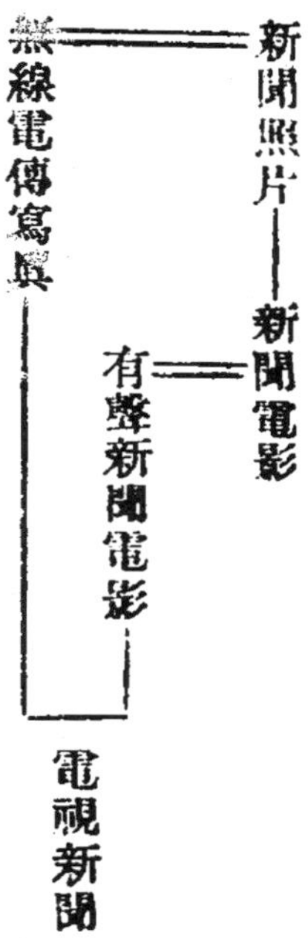

「電視新聞」的唯一缺點，就是和廣播新聞一樣：不能夠保留下來。收音機之不能夠保留的缺憾，已經有了改進的方法，即備有一架鋼絲灌音機，即可將收音保存，以備隨時轉播。受像機之留眞紀錄，則亦由英國發明家霍根(John V. L. Hogan)之研究，在一九四六年獲得成功，由此你對於收像機中所看到喜歡看的一部份，或者是認爲要保留下來的部份，無論是文字或圖畫，都可以藉電波振動紀錄在感光紙上，以備此後欣賞及檢閱。據「大衆科學」一九四六年七月號載「無線電印刷」一文云：

「經過十多年在實驗室裏的工作以後，無線電傳眞廣播現在準備公開應用了。這種使用無線電來印刷文字和圖畫的新方法，是被廣泛地期待着作爲實業上最有意義的進展之一的。

「因爲它能夠迅速地把最近的新聞照原樣印刷在你的家裏，所以有許多人以爲它將使報紙成爲過去的東西了。但是，若干報館所有的無線電台做過了多次成熟的試驗以後，則以爲與其說無線電印刷可以「代替」報紙，不如說它爲報紙的「擴展」爲佳。

「無線電傳眞廣播的方法，是把一頁需要廣播的紙張，捲在一支旋轉式的圓筒上，用「電眼」去照射它。凝光器卽將各種不同的光度變爲強弱不等的電波。在紀錄的一端，電波的振動在感光紙上活動，仍照原來的光度翻成黑線條。

「此種機器每分鐘能傳達五百字，其速度等於口語的四倍。經過適當的設計，你的早晨的報紙，能夠在你睡覺的時候印好在你家裏。」

另據七月份的紐約時報載稱：霍根所發明的無線電傳眞紀錄器，其大小不逾一架輕便的打字機。它能夠印刷一張四欄的新聞紙，每分鐘能印出五百個字，也能夠印出圖畫和廣告。祇要將這種機關和一架「調頻式收音機」（FM receiver）鏈結起來使用，就可以收到很淸晰的調頻式傳眞節目。最近在紐約城的無線電發明公司（Radio Inventions Inc.）的實驗室裏做了戰後第一次的表現。霍根並稱：在本年（一九四六年）之內，家庭裏用傳眞紀錄器收錄文字圖畫的時代就可以開始。他又表示：「商業廣播和廣播事業的主持者，在此次實驗以後，當然可以決定哪一種節目是人們需要的了。」

總之，由於無線電傳影技術的發明到了成熟的階段，貢獻給新聞事業以更新穎及形象化的傳遞方法，戰後的新聞事業必然要以全新的姿態在「電波世界」中出現了。

新聞史的先遣工作

在最近一世紀的時間中，新聞事業對世界政治、經濟、社會及文化所起的作用，可謂無物堪與倫比。它本是繼承着我國古代「邸報」和歐洲羅馬時代的「每日紀事報」的傳統而爲人類啓蔽闢囿的忠實服務者，同時它也受了近代精神與物質文明的洗禮，而完成爲指引時代前進的燈塔。自古以來，無數的人盡瘁盡勞爲此事業奠立了基礎；於今則更有無數的人以此爲職業，孜孜不倦地在做着一種作爲整個人類間連鎖的工作。就人類的基本文明而論，除了教育事業而外，沒有再比新聞事業更爲偉大的了。因此，我們要了解文化，尤其是近代文化，非閱讀新聞事業的歷史不可。在新聞從業員方面，也應該隨時搜集保留有關本身事業的史料，藉使一本完善的新聞史能夠據以寫成，一方面可以列爲分類的文化史之一種，一方面也可以有所貢獻於整個人類的生活史。

新聞記者所做的工作，從某一意義上說起來，他們本來是在做人類生活紀錄的工作。不過，說來也奇怪，他們勤於紀述他人的事，而對於有關本身的事反多疏忽。這是因爲新聞事業乃一太過辛勞的工作，從事於斯，精神與體力朝夕爲了整個世界上每天發生的大小事件而疲於奔命，幾難復顧及此。何況搜集史料的工作，繁碎而苛細，一大亂堆史料中，也許一項微小的資料，正是歷史上最有意義事件的關鍵而不容我們忽略的。再則，這種工作是研究的，比較的，而偏於靜的工作，恰和新聞工作的活動性處於相反的地位。另一種困難，是此種工作需要很多人的努力，它決不是少數人能夠做得完備的；如果要集體地合作，一定要有一個研究性的組織。

過去，我爲了興趣所在的緣故，曾經從事於新聞史料的搜集。第一我就感到個人能力的薄弱，所能獲致的成就太可笑。第二，這多年以來世局動蕩得厲害，個人的生活也波折極大，辛勤的搜集，什九拋散，以後就不容易再鼓勵起這種興緻來。但我始終以爲我們應有一本良好的新聞史，而要有這一本傑作，則需要先有很多的同志有計劃地做預備的工作：（一）搜集和保存史料，（二）編撰「長編」。所謂「長編」者，是歷史的草稿，昔司馬溫公撰資治通鑑，先作長編。現在把我對於新聞史先遣工作的一些兒經驗，以及想到要說的話，分述如次，萬一有可供同志們的參考。

個體的研究

新聞史是要把此一事業的重要演進事實貫串地作全面的寫述，而新聞史的長編則應將此一事業的個體，分別作詳細的研究。若每一個體，均有精詳的資料備列，那麽抽繹要旨，作綜合的紀述，就不很困難了。新聞的事業個體，就是每一個報館和通訊機構。我以爲應將其有歷史的，有成績的，分別撰著沿革，這可以使人知道每一個體是怎樣長成起來的，怎樣跌倒的，怎樣經過挫折而又奮鬥復興的；它又會怎樣以對環境的鬥爭，和別出心裁的革新，而影響及領導同業。

每一個有歷史的報紙或通訊社，常常在其紀念日有報告自身沿革的文字發表。但他們常有一共通的缺陷，就是空話說得太多。偶而還有將視爲遺憾的經歷略去，甚至於故意歪曲史實，以圖混蒙。歷史的研究者對於這些必須加以追究的。故那一類的資料雖足採擇——實際上也是主要的資料，但仍須加以考核，一方面要旁搜博訪，用其他的材料來補充訂正。

我曾經試寫過一篇申報的歷史（收在「報壇逸話」內），概述該報六十六年的沿革，分別注意下列各項綱領：

（一）創業的經過

（二）人事的變遷

（三）紙面的變化

（四）內容的改進（關於新聞方面的，言論方面的，其他資料方面的）

（五）器材的革新

（六）編輯政策的宣示

（七）環境對於該報的影響，及該報對於環境的影響

這個嘗試倘有可取，我很希望有志於新聞史工作者，能對全國各主要報紙及通信社都有這樣地一個紀述。

中央政治學校新聞學研究會在民國二十四年十二月至二十六年六月出版的「中外月刊」，每期有「新聞界」一欄，其中頗多對各報及通訊社所作之個別的研究與敘述，計有申報、大公報、新聞報、時事新報、北平晨報、中央日報、漢口大光報、膠濟日報、字林西報、中央通訊社、聯合社、日本同盟通訊社等各篇，都是可以作為史料，兼作長編模範的文字。

要注意環境

長編的另一方面，是需要作地方的新聞史，以及地方新聞紙的研究。因爲報紙與其出刊的環境關係是特別密切的；環境具備的條件，足以決定新聞紙的發展，言論自由的限度，物質的供應，經濟的支援等等。故從事於地方新聞史工作的必注意及提供當地環境對於報業發展的因素。例如我人詢問何以中國的第一種現代新聞紙「察世俗每月統記傳」係產生於麻六甲呢？這是因爲引導西方的現代報紙之形式和制度到中國來的，是基督教的英國教士。他們本來很有理由選擇廣州爲最早的文字工作地點，可是在中英江甯條約訂立之前，傳教工作是被中國政府嚴厲禁止的。他們尋勘附近的據點，發現麻六甲是適宜的，因（一）華僑很多，（二）離中國大陸不遠，來往交通亦便，（三）當局不禁傳教工作。由此，「察世俗」乃在麻六甲發刊了。

又如，上海之所以爲全國新聞事業最發皇的地點，亦由於其地理的背景。燕京大學新聞學系教授白瑞華先生(R. S. Britton)曾云：

『上海的中國現代新聞紙，曾有一時期是模仿香港的報紙，而後來執了中國現代新聞事業進展中的領導地位。上海和香港兩地在遠東方面都是「現代化」的成果，而上海曾有着公共租界與法租界，便如香港殖民地一樣的呼吸着多量之西歐空氣。香港係以一自由港而發展成爲海上交通的中心點，視南洋羣島，馬來亞，菲律濱，澳洲有如其接壤的中國大陸一樣，共爲其衞星。上海的地位，則盤據在擁有中國半數人口的揚子江之門戶，而成爲全國中心的都市；不祇以其商業稱雄，抑且有實業爲其基礎。自從一個以漁棉爲業的半百萬居民的城市，經中英之戰，今乃擁有三百萬人口，而爲中國最大城市之一，密切地關鏈着中國生活的變遷。在如此的環境中，乃產生了全國最大的新聞紙。」

又如在滿清末年，提倡民族革命的報紙，多在海外華僑集中的地點出版，其在國內發刊者則多在香港及上海二地，這也是因爲這些地點具備相當的言論自由權利的緣故。一九〇三年（清光緒二十九年），上海發生「蘇報案」，因該報刊載反對滿清政府的文字，而遭淸廷派員向上海領事團交涉，訂立條約後，乃封閉該報，拘捕館員。到後來審問，還鬧得轟轟烈烈，爲舉世所注視。此案之所以能發生如此的經過，全因上海的環境關係：如果我們不明瞭當時上海的環境，則對該案是無從了解的。

從事地方新聞史的工作者，有項士元先生在民國十九年編著「浙江新聞史」一書。我於民國二十三年在上海市通志館時，著有「上海新聞事業之史的發展」一書。其他寫述各個別地點新聞事業簡史及概况的零星文字，散見各報章雜誌者頗多。這需要把它們編成索引，以備採擇。在中外月刊的「新聞界」中，有廣州新聞事業現况，靑島新聞事業概况，湖南新聞事業，成都新聞事業之今昔觀等篇。

在地方新聞史研究工作的部門中，我人尤應注重邊疆新聞與海外華僑社會的新聞事業，此項工作，爲一般所疏忽，亟待彌補，而學術研究的工作且可有裨於民族的團結聯絡，因邊遠情況，爲國人所亟需了解，此種工作又能增進邊遠同胞的感情。燕京大學新聞學系曾由羅文達博士（Dr. Rudolf Lowenthal）主持，調查海外各地華僑社會的新聞事業情況，計有吳明現作「爪哇的華僑報紙」，梁允彝作「夏威夷的華僑報紙」以及羅博士自作之「大洋洲的華僑報紙」

等。

報人的傳記

社會中的任何活動，人是主要的因素。雖然我們不相信個人主義，英雄主義，但是人的因素終是我們所不能忽略的。中國舊的歷史中，「列傳」一門，紀載個人的歷史最爲詳贍，現在仍可作爲史料之用。我人作新聞史先遺工作的，對於報壇的人物，自應有詳盡之傳記搜備。尤須注意的，是他們參加報業的經過，與在報業服務的經歷與成就。新聞從業員自己寫的傳記，那更好。如趙敏恆先生所作的「十五年記者生活回憶錄」（原載重慶「新聞戰線」，現已彙印單行本），伍德海先生所作的「遠東報壇經歷錄」(H. G. W. Woodhead: Adventures in Far Eastern Journalism, a record of thirty-three years experience)等是。

美國羅絲女士著有「女記者」一書(Ishbel Ross: Ladies of the press, the story of women in journalism by an inside)共分四卷，對美國各位著名的女記者，各州各城的女記者，以及女記者所參加於報館的各個部門工作的情形，都有詳細的記述。這是一本很好的書。在新聞史長編的工作中，應有這樣的紀錄，不僅是美國，也不限於女記者。

內容的比較

歷史主要的意義，是告訴我人以進步的歷程。新聞史應示人以此一事業是如何發展來的。一切的進步，皆由於競爭，新聞紙的內容尤爲顯著。故從事新聞史工作者，必須對各報的內容作比較的研究。報紙的內容，大致分新聞，言論，及其他讀料三大類。新聞又可分爲電報，通訊，特寫等；復可依對象分爲政治新聞、經濟新聞、社會新聞、教育新聞、體育新聞、國際新聞等。言論又可分爲社論、小評、專論、譯論、星期評論、讀者意見等。其他讀料則爲副刊、專刊、資料稿、雜誌文等等。作比較研究者，須將每一門類，就各報比較其特點。如此，我人可以明瞭某報在讀者羣中特佔優勢的原因，也可以明瞭某報在編、訪、及言論方面所作的特殊努力。並且可以知道某報的某種革新對於同業所起的影響——此卽其對新聞事業之貢獻。例如，經過比較的研究以後，始知上海報紙上的短評爲「時報」所創，而爲各報所踵仿。經濟新聞及教育新聞之闢爲專版，皆始於「新聞報」，前者創始於民國十一年四月十五日，後者於民國十二年三月十五日。

中央政治學校新聞學研究會出版之新聞學季刊第二卷第一期內載武月卿作「泛論社會服務版」，對各報的社會服務版作一綜合的研究。我人希望有很多的這一類的文字，將報紙內容的每一部份都做一個精詳的考覈。這不僅是對於新聞史有用處，而且可以發生促進及改革新聞紙內容的重大作用。

廣告與報紙

在報紙的內容裏面，廣告也佔着一份很重要的位置：它對報紙的本身和社會，也都起着非常重要的影響。除了蘇聯的報紙是祇有啓事而沒有商業性的廣告不必論外，我們談新聞史的，對於報紙中廣告部門發展的經過，也值得研究。關於報紙招攬廣告的技巧，廣告對於報社經濟的影響，對於版面和編輯政策的影響，對於社會和商業所發生的影響，都是大可研究的事。在新聞史家所應做的工作，乃是搜集有關此方面的具體資料，從而窺見其演變、進步與產生的後果。有關報紙中廣告的史實，容或不是談新聞史者所可忽略的，我們試舉一例如下：

在東鄰日本强盛的時代，對於我國的經濟侵略是非常劇烈的；而日本工業品的傾銷於我國，我們報紙上接受刊登的日貨廣告，無疑有助長其勢之嫌。至民國八年五四運動發生，國人一致拒用日貨，當時上海的七家華文報紙（申報、新聞報、時報、神州日報、時事新報、中華新報、民國日報）亦一致議決不復收刊日商廣告及日本船期匯市商情等，於五月十五日起實施。我曾檢閱民國八年二月十八日的申報，計算其所刊日商廣告，作為一例：是日該報四大張，共登日商廣告十一起計一百九十八英方寸，又商務消息中載日方行市一百十三行。自從五月十五日上海報界實行此重大的決議後，日商的廣告商情就絕迹於我們的報紙。

這個重大的決定，維持了十六七年之久。直到中日訂立塘沽協定以後，日商的廣告才又重在我們的報紙上出現。據說塘沽協定中有一祕密條款（或係口頭商定），是日方要求我們的報紙重再刊登日商廣告。以此事而論，無論在新聞史上，外交史上，或經濟史上，恐怕都要算是一件重要的事情。

招攬廣告技巧的演進應該是廣告史中最值得注意的題目。不過有關這方面的具體資料，恐甚難搜集。曾經聽見說過一個故事，主角就是那位以在各報刊登巨幅廣告著稱的虎標永安堂主人胡文虎。據說胡文虎本來是不肯刊登廣告的，他認為他製的藥品自有「口碑」，而廣告是「沒有什麼用處的」。新加坡有一張報紙，屢次招攬永安堂的廣告而不得，他們就想出一個法子，要使胡文虎知道「廣告的力量和用處」，他們於是在報紙封面上刊登大字曰：「胡文虎將何為？」下註：「請看明日此處」。胡文虎看了果然納罕。次日該報又登大字曰：「胡文虎將登廣告矣！」這樣竟使胡文虎認識了廣告的力量，從此他要刊登廣告了。

如果有人細心搜集有關廣告技巧的資料，寫為有系統的文字，當然是件很有意義的重要工作。

廣告對於報紙的經濟狀況，是佔一重要地位的，曾閱某西文雜誌，謂美國報紙開支之有賴於廣告收入者達總數百分之七十五云云。我國報紙的經濟情況，素不公開，搜集這方面的資料，自感困難。再說，因報紙之支出大部份依賴於廣告收入，可使報紙的經濟自給自足，報紙的經營可趨於獨立，而減少受「政治資本」的影響。但翻過來說，報紙的生命線依賴於廣告後，則又不免受廣告客戶的任意指使，「商業資本」復有成為報紙太上皇的危機了。此一樞紐，攸關報紙之全部政策。如果能夠搜集到具體的資料，當然是新聞史上最重要的史料。

現在我祇能夠舉一個極小的例子，是說明「商業資本」壓迫報紙，廣告破壞編輯政策的事實。在林語堂博士所著的「中國輿論及報紙史」裏，曾用圖表來說明上海的商家要在報紙上刊登怎麼樣形式的廣告，就刊登怎樣形式的廣告。報館主人祇顧收入，也不管那種廣告怎樣地破壞新聞的版面，竟會得接受下來。他根據一張報紙，繪了一張圖，黑色表示廣告地位，白色表示新聞地位。那一張報紙刊登了如此一個廣告，竟使新聞在廣告中間穿八卦陣了。其圖如下：

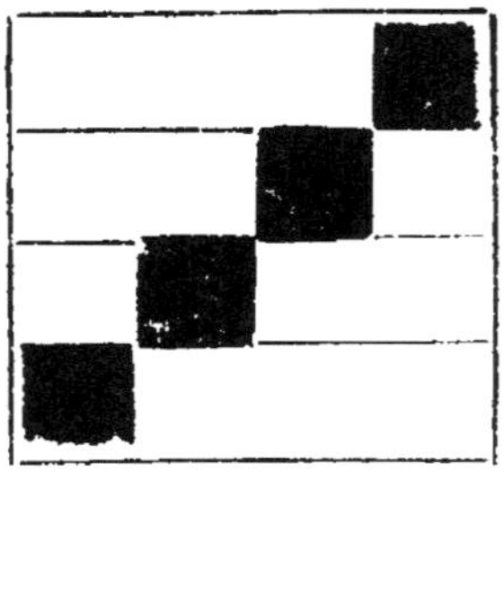

印刷和紙張

新聞事業依賴於印刷技術、電訊交通者至爲密切，所以我們研究新聞史的，對於印刷技術的發展，電訊交通的進步史迹，都需要留意搜集資料，或利用各該部門的專門史，以資參考研究。卡德氏（Carter）所著的印刷史，對於我們有重要的幫助。研究我國報紙印刷技術的進步，尤需隨處注意零星資料，因爲一向太缺乏有系統的著述了。例如我國報紙之首先用輪轉機印刷者爲上海新聞報。該報於民國三年購置巴德式二層輪轉印報機（Potter's two deck rotaty printing press）一座。至實際開始使用之日期，多已不能道其詳。我曾檢閱該報，發現自民國三年七月十五日起，紙的兩邊才開始有齒痕，因此知道它在這天才正式起首用輪轉機印刷，而爲我國報紙之高速度印刷闢一新紀元。

在抗戰期間，沿海大城市的報紙內遷出版，在轟炸與封鎖之下，印刷器材極感缺乏，然而報界印刷人才，憑了智力與毅力，七拼八湊終於戰勝困難，既未使報紙有不能出版之困難，抑且使報業轉趨蓬勃發展之途。如在屯溪出版的安徽中央日報，因爲當地並無印對開紙的平版機可得，起初是印四開紙，後來在當地請鎔瑞鐵工廠翻砂製造對開機兩部，經過半年多時間的製造，終於成功，乃於民國三十三年十月二十七日改出對開報紙。又如長沙的湖南國民日報，在三十三年夏秋間受敵軍進攻粵漢鐵路沿線的影響，一再遷撤，器材損失殆盡，最後撤至湘粵邊境的桂東時，僅賸無線電收報機，他們就發行油印版的國民日報。類此戰勝印刷器材匱乏的故事，我們都應該及早搜集，不僅爲新聞史上的重要資料，抑且爲抗戰史上留佳話。

說到印刷機器的時候，我們就還要注意紙張的發明及其進展的歷史。紙張的發明，和報紙的關係是太密切了。在紙張沒有產生以前，新聞史是停留在「口頭新聞」的階段的。發明造紙，是我國的蔡倫，時代在公元第二世紀。歐洲的造紙技術，最初也還是從我國傳過去的。所以我國對世界新聞事業的貢獻，是非常的偉大。不過，在現在我們的造紙事業，尤其是報紙所用的紙張之製造，已落歐美日本之後，相形見絀，不免慨然。當第一次歐戰期間，上海各報因舶來紙張斷絕，發生恐慌，本埠華商紙廠如華章、龍章、寶源各廠，乃均仿造報張用紙，以供需要。又，在抗戰前一年的時候，政府籌備在浙江的溫溪設置大規模的造紙廠，經營已具眉目，旋以戰事發生而廢。諸如此類的史實，亦需加以搜集。

在抗戰期間，後方的報紙，都用土紙印刷，因而土紙的製造，極呈蓬勃繁榮之觀。然後方缺乏漂白原料，所以製造的土紙，很多是不去色的，因此各種報紙的紙張，五顏六色，煞是好看。記得美國合衆社駐重慶的記者，曾發出一條描寫陪都報紙的電訊，曾將此點列爲深刻的印象之一。我搜集了一些後方報紙的樣張帶回來，其紙張計有赭、湖、綠、青、紫、薑黃等色，深淺不一，又可別爲十餘種，也是我國新聞史的一種紀念物。

關於上海的報紙所用紙張的演進，我在若干年前，曾寫一小文，爲之記述，茲轉錄如下，作爲一例，希望對於每個報紙的中心地點，均能有類此之記述——

一般都以爲上海的新聞紙起初都是用中國竹連紙以及賽連紙油光紙印刷的，迨至一八九六年(清光緒二十二年)蘇報始改用白報紙，但是上海最早的一種報紙却是例外，即一八六一年(清同治十一年)創刊的「上海新報」，自始即用白報紙印刷，出版十年，未有異動。「申報」及「滬報」創刊時，均用中國竹連紙，同時期之「匯報」「彙報」「益報」「新報」均然。到「蘇報」創刊時，才與起一種變革。「申報」之改用白報紙印刷，自一九〇九年一月二十五日(清宣統元年正月初四日)起。

「上海新報」紙張的開始是特別的，牠每號發行一張，這一張紙高約四十公分，廣約二十九公分，差不多是和現在的半張小報那麼樣的。「申報」草創時代及其同時期的各種報紙的開數，有了一個定型，即每張高約二十七公分，廣約一百零四公分，成爲橫長的形式；分爲四版，每版廣約二十五公分餘，在每兩版之間中摺，成書冊式。「蘇報」始用白報紙印刷，每天發行二張，合計之和現在的對開紙一樣大小。牠依然是採用當時的橫長式，每張高約二十七公分；但是廣度減至七十八公分，而祇分作三版，每版則依然廣約二十五公分餘。正反兩面合計得六版，二張共爲十二版。「申報」改用白報紙印刷時，模樣亦如「蘇報」。同時之「神州日報」「民呼」「民吁」「民立」等報，則已將此二張白報紙合併一張而用直長式印刷，每張分四版，每版高五十六公分半，廣三十九公分，和現行的大報形式無殊。「申報」至一九一二年(民國元年)乃採用當日的「神州日報」等式而成了與現在相同的樣式。

如果我們對於交通發展的沿革，有相當的研究，那麼對於新聞事業進步的探討必有甚大的幫助。因為報紙裏消息的迅速獲得，與報紙發行的推廣，均密切依賴於交通工具的進步和交通體系的建立。美國報業進化史云：『美洲起先刊行之報紙，大抵轉載英國報紙所有而已。本埠之新聞，則記公事之時刻表，及舟船之動靜。外國之新聞全係抄錄倫敦報紙之所載；方其抵美，已事過數月。昔波斯頓某報記者，以本報所載歐洲事情後至十三月，引以為憾，其遲緩可想。其初為記者者皆郵局之局長，蓋郵局者，新聞之中樞也。』又云：『一八三八年，歐洲始有汽船渡大西洋而至美國，船曰雪拉司（Sirius）紐約捷報館主白納脫（J. G. Bennett）即與船主約，後此紐約捷報中，遂有歐洲通訊矣。』『一八六一年以前，機械工業之進步，雖有可論，而不足與新聞事業之發達相追隨，自是年以後，則二者之發皇演進，步履相當矣。傳遞新聞，輒以電報。當南北交惡，戰和尚在懸案之秋，民情最為激昂，而紐約講壇報每日所載電報，不及二欄。已而局勢一變，各報館以定閱者多，所得報資，足任廣多之電報費用；若在一載以前，未有能任者也。』又云：『吾人於電報及海底電線之為用，視若固然。不知發明之年月，去今正非遙耳。美國報館中，每歲特派員通訊之電費，高至十萬佛郎，通信社之電費尚不在內。當大西洋海線初通時，以取價昂，用者甚少。報館之廣用此新法之通訊，蓋在普法戰爭之際。紐約講壇報日載專員所發之海電，為他報倡，價頗不貲。自是以後，則海線通信，視若平常。』

觀此，可知交通事業發達對於新聞事業演進的關係。

我國電報，以一八八一年十二月廿四日津滬線初通爲嚆矢，上海的「申報」自次年一月十六日起卽刊載天津發來的新聞電。民國十八年，始有民營航空線的組設（中國航空公司），於是報紙上有航空通訊的刊載，發行也利用航空寄遞。

自第一次歐戰以後，人類的生活進入了「無線電時代」。以往僅祇利用無線電傳遞電報，此後則因發明衆多，取用繁廣，影響至生活的每一角落。其有關於新聞事業者爲：

無線電話 (Radiophone)

無線電廣播 (Radio Broadcasting)

無線電傳影 (Radiophoto)

無線電傳影戲 (Television)

無線電印刷 (Radio Printing)

關於此類發明與運用的事實，都是我們從事新聞史研究工作者要隨時注意的。

零片的重要

末後，我還有一些話要嘮叨。搜集史料，要不遺斷簡零片。通常人家搜集學術資料，以書本爲主；但史料工作者，對於小冊子，報章雜誌的剪片，零星的字片，都要注意保存。去年歲尾，上海市新聞記者公會籌備恢復，其章程起草委會由趙敏恆先生主持。趙先生曾問起能不能找到戰前上海記者公會的章程，以資參考？但誰也沒有保留那一張紙片的。

太平洋戰事發生前，我是像螞蟻一樣地有興緻做這種工作。記得在我的收藏中，有戈公振先生的訃告，中美日報於民國二十八年五月十八日遭工部局勒令停刊二星期時所發的通知書等件。

那時候我搜集的新聞學資料，大別為下列數種：

(1)報學書籍及期刊

(2)有關報學的剪報貼本

(3)有紀念意義的報紙

(4)小冊子及零星文件

日積月累，倒也很可觀。其時購了許多空的肥皂箱子，洗淨以後權充書箱，連同先父遺藏及其他書籍，所裝逾百餘箱，現在中央通信社服務的胡錫年兄，其時為中美日報的同事，他初次到舍間來時，看見我家堆了那麼多的肥皂箱，他還當我是一隻「小囤虎」呢。

太平洋戰事爆發，敵人進入上海租界區，我就準備到後方去；這許多資料就成了頂難處分的問題。傳說敵人要搜查戶宅，所以我自己要離開上海，帶既不能，寄存無人肯受，送人也無人要。而且我走得十分匆促，安詳考慮的機會都沒有，終於感謝震旦大學圖書館，允許為我保存一部份東西。我將第一類的東西捐贈該館，第三類中理出一部份最有價值的，寄存該館。臨別時，圖書館主任景培元兄握我手謂：「除非是不可抵抗，當竭力代為保存。」

至於第二類，第四類，及第三類餘賸部份，既不容易藏置，內容之足被視爲「抗日」者尤多，我既不能細細檢點，祇有付諸一炬。因此在我「撤離」上海之前，痛心地放了一把大火。這些東西是送給二房東燒飯去用的，因爲他家有大灶。一連省了二房東家七天的柴火錢，他對於我很爲感激。

震旦大學圖書館也一度遭遇了危機。三十四年三月上旬，敵軍在越南將法軍全部繳械，同時對上海法方亦有行動，其間一事爲強迫要求駐軍於震大圖書館。那時候我在屯溪，到四月中旬才得到詳細的報告。我一面向重慶發出新聞電，一面在憂慮着該館藏書的命運。至七月間，復得私人報告，該校在敵軍進駐圖書館以前，曾特別休假一星期，動員全校學生，將藏書移至老校舍內保存。不久，勝利復員，我們到上海，至該校訪舊，果然捐贈寄存的書報，除移動時稍致混亂外，大體安全無恙。在此次抗戰中，上海圖書文物之寄存於震旦大學圖書館而獲保全者有：北平圖書館駐滬辦事處，中央研究院理化工程三研究所圖書館，交通大學圖書館，上海市通志館等。該館殊不啻是上海的「孔壁」了。

我自己十年間的收藏，經此大動亂，仍能有一部份倖存，是返滬後一件最欣慰的事。然而想起那許多燒燬了的，有很多是不能再得，即能再得而欲重新聚集也是非常困難，就不免喟然了。

中國國民黨黨報溯源

總理立傾覆清廷創建民國之志，始自乙酉（一八八五年）中法戰敗之年，而以擔負宣揚革命主義之本黨新聞事業，則肇始於己亥（一八九九年）在香港所創辦之中國日報。先是 總理之傳播革命思想，闡揚其理論，乃「以學堂爲鼓吹之地，借醫術爲入世之媒。」嗣於甲午（一八九四年）中東戰後，創興中會，立革命之旗幟，而有革命之行動。乙未（一八九五年）九月九日，乃有廣州之第一次起義。事敗以後， 總理間道由粵出險，流亡在外，由日本而檀島，赴英美，仍積極進行集合僑胞同志，並與友邦人士聯絡。沿途所過多處，或留數日，或十數日，所至皆說以祖國危亡，清政腐敗，非從民族根本革命，無以救亡，而改革之任，人人有責之旨。此時之宣傳工作，仍完全依賴演講也。自香港中國日報之創辦，革命宣傳之工作始宏大。而 總理舉辦革命報紙之動機，乃發生於倫敦蒙難脫險之一點重要關鍵，前燕京大學新聞學系美籍教授白瑞華氏所著「中國報紙」一書中，曾鄭重述之，於此可見報紙力量之偉大，而 總理能運用此一份力量，以助革命事業之完成與宏揚，且亦中國國民黨黨史及我國報史上最重要之一頁也，故引證事實，爲詳敍如次。

乙未首次起義失敗以後， 總理經日本至檀香山，進行推廣興中會，惟卒以風氣未開，進行遲滯，以久留檀島，無大可爲，遂決計赴美，以聯絡彼地華僑，蓋其衆比檀島多數倍也。行有日矣，一日散步市外，忽遇有馳車迎面而來者，乃其師英人康德黎與其夫人也，海外重逢，不勝歡忻， 總理詢以何爲而至此，曰：「回國道經此地，舟停而登岸流覽風光也。」 總理乃趁車同遊，爲之指導，遊畢登舟， 總理告以將作環繞地球之遊行，不日將赴美而英，相見不遠也，遂歡握而別。檀島街上，邂逅良遇，竟爲後日　總理在英脫險，以及　總理起意創辦革命報紙作一伏筆。

總理抵美以後，發覺美洲華僑之風氣蔽塞，較檀島尤甚，故由太平洋東岸之舊金山登陸，橫過美洲大陸，至大西洋西岸之紐約市，所至皆諄諄演說，而於美洲各地華僑洪門會館之組織，深爲注意。蓋洪門者，創設於明朝遺老，起於康熙時代，以反清復明之宗旨，結爲團體，將民族主義之根苗，流傳後代。惟國內之會黨，常有與官吏衝突，故猶不忘其與清政府居於反對之地位，而「反清復明」之口頭暗語，尚多了解其義者；至海外之會黨多處於他國自由政府之下，其結會之需要，不過爲手足患難之聯絡而已，政治之意味全失，故「反清復明」之口語，亦多有不知其義者。　總理之在美洲鼓吹革命，對洪門宗旨，反復闡解，而洪門之衆，乃漸知彼等原爲民族之老革命黨也。但此初期之播種，已大觸清廷之忌，故　總理由紐約橫渡大西洋而抵英倫，即遭清使館之陷害。

清廷於國民黨首次起義後，即欲捕拿　總理，嗣偵知　總理在海外宣揚革命主義，愈深忌毒，顧政治犯乃國際法之所保護者，清廷不得要求引渡，乃思以不光明之手段陷害之：使館官吏，則圖以諂媚爲進身之階，奉密令後，即巧設陷穽。一日爲星期日，　總理行於倫敦街上，擬赴教堂禮拜，有華僑數人，趨前操粵語與談，海外逢同鄉，雖非素識，　總理亦樂與之語，彼等慫恿　總理欲往教堂，乃謂渠等亦係至同一目的地，遂相偕而行，迨抵一大廈之前，此數人遽挾　總理進門。　總理謂此非教堂也，彼等稱此是教堂之後門耳。詎知此固非教堂之後門，而乃清使館之後門也。　總理遇陷穽中，被密囚於一複室中，候船伺機載往國內。此事由清吏祕密進行，人無知者；　總理被私囚以後，固不得與外間接觸，卽思與外間接觸之法，以在倫敦日淺，無相知甚深之人，亦難謀求援之道。至是，　總理憶及檀島邂逅一事，知康德黎已返英，而彼亦知　總理之將到英，乃循此一線之機會，以謀脫險之法，經遊說一侍役，以書抵康德黎，告以遭使館非法拘禁之經過。

康德黎得書，卽力謀營救。顧駐外使館，例有治外法權，雖當局不能任意加以搜檢。　總理之被拘，事出祕密，雖以經過情形告於英國當道，若清使館一味否認，則於事亦無補。康氏思之再三，得一術焉，於是投書泰晤士報，揭露其事。泰晤士報者，英倫之權威輿論機構也。披載以後，社會大起喧嘩，以爲在英國境內，乃有清使館以非法手段祕密誘拘國事犯之事發生，實爲駭人聽聞之怪事，羣起要求撤查。至是，英當局固不能漠視，清使館亦不能隱，乃自動向英外部道歉，而將　總理釋放。當　總理重獲自由之時，康德黎趨前向之道賀，並告以營救所用之方法，　總理聆言，立卽發生一種感想，對於報紙左右社會之力量，至能達成政治力量所未能完成之任務，有身受其惠之深切認識，而覺革命主義之藉報紙宣傳，收效必能速於置郵，是無疑也。於是於返抵日本，重建策劃行動之基礎時，並命陳少白同志赴香港，創辦中國日報，以鼓吹革命之宗旨。陳少白者，最早響應　總理革命主義之一人也，與　總理並尤少紈，楊鶴齡等共被港粵間之戚友交游目爲「四大寇」者是。故國民黨新聞事業之肇始，其淵源有一段故事如前所述者，而陳少白先生，則國民黨新聞事業之最早經營人材也。

自排以後，[illegible]，革命之勢方澎湃，此固革命行動之影響於人心者日甚，時勢推移之國人覺悟者日進，而革命報紙之朝夕以主義相絜聒，其收效遠而且廣，爲之璇璣，彰然甚明。維時宣傳主義之報紙雜誌，勃興若雨後之春筍，「總理嘗謂：「戢元成，沈虬齋，張溥泉發起國民日報，以鼓吹革命，留東學生提倡於先，內地學生附和於後，各省風潮，從此漸作。在上海則有章太炎，吳稚暉，鄒容等借蘇報以鼓吹革命，爲清廷所控，太炎鄒容被拘囚租界監獄，吳亡命歐洲，此案涉及清帝個人，爲朝廷與人民聚訟之始，淸朝以來所未有也。清廷雖訟勝，而章鄒不過僅得囚禁兩年而已，於是民氣爲之大壯。」此可知革命報紙濺起波浪之廣大，而影響於社會人心者爲何如也。武漢起義，清社遂屋。吾人對於革命時代之黨報皆推崇其大輅椎輪之貢獻，並求追其餘緒，益振大業，以宏揚三民主義，達成建民國，進大同之　總理理想，爰述黨報史之第一頁。

國際社在滬港東京

赫斯脫不但黃色了新聞紙，而且黃色了通訊社。赫斯脫「黃色新聞」的特徵，是過分的誇張與刺激，恐怖，囂張，……他在一九〇〇年創辦了美國國際新聞社(International News Service,I.N.S.)以與史克利浦霍華特系之美國合衆通訊社相競爭。合衆通訊社的報道，已以「誇張」聞於世，國際社則尤過之。但合衆社報道之迅捷，實爲世界通訊社的繩準，國際社也在這一點上和合衆社競爭。往往因爲貪圖迅速，尤其是刺激，而忽略了「證實」之重要。國際社過多地發表「空頭消息」，實際上也是它的「致命傷」，畢竟不能爲辦通訊社者所效法的。

國際通訊社的特派員中，有一位最出色的記者，而所派的任務也是最重要的，這就是國際社東京特派員楊氏（James Young）。楊氏是一位天才敏捷的外交記者，在倭寇侵華而未與美國決裂的數年中，他奉派在東京擔任通訊員。他是勇敢的，縝密的，正義感的一位青年。他搜集了倭方的許多政治情報及經濟情報，寫成有系統的電訊，供給紐約本社，轉載於世界各主要報紙上。他揭露了倭寇的憲政與經濟之危機，軍閥之跋扈，因而遭倭酋的嫉視，在一九四一年初，加以間諜之罪名而逮捕之，備加虐待。經美國大使館努力交涉，始獲判「緩刑」而釋放，遂離倭島返國。礎潤知雨，楊氏之被捕，已使觀察者料及美倭關係之終必破裂了。

楊氏和上海英文大陸報編輯部同人極爲友善，這當然因爲是志趣相同的緣故。楊氏任職東京之日，每至上海，必到大陸報作數日逗留，爲撰專稿發表。一九四〇年，楊格送給大陸報一件珍貴的禮物，就是將東京該社所得的紐約來電，以及他自己在東京採訪所得的消息，擇要拍電給大陸報刊載，並不收取稿費。國際社的中歐電訊，素稱敏捷，東京電報，亦極名貴。大陸報在上海得獨家專載國際社電，形成特色之一。國際新聞社和上海發生關係，亦自此始，此一關係直至楊氏在東京被捕乃中斷。然在楊氏被捕之前若干月，國際社已派一經理人員，到上海來籌設分社，並採訪中部中國的消息，辦事處設在漢彌爾登大廈內。

那時候我在上海大晚報編輯部任職，看見大陸報所載國際社電，很爲出色，遂時加迻譯，載諸晚報，仍不失爲中文報上獨特的消息。記得有一次迻譯華盛頓電，內述國務院獲得倭國金準備消耗情形之報告的內容，（實際上這是楊氏的電稿，因為技術上的關係，改發華盛頓電，而云係政方消息），曾傳誦一時，迨至國際社在滬籌設分社，我遂向大晚報主筆汪倜然先生建議，向國際社訂購中文晚報電稿專用權，因為如此可使該社的午稿供給大晚報，不需再於次晨譯自大陸報。幾經交涉，大晚報遂以相當高的代價取得國際社稿的上海中文晚報專用權。其時正值炎夏，納粹西線攻勢方似火如荼，佛蘭特斯戰役將趨終結，敦克爾克港演出偉大的撤退的一幕。

此時的人心，都像驕陽逼曬下身體上所受着的悶熱一樣。傳來的消息，都不很好，又似悶雷一般。到六月中旬巴黎陷落以後，大家都在候着下一幕的發展。法京的陷落，是哈瓦斯社從華盛頓發出的新聞電首先報道的，其後哈瓦斯就成了「癱瘓症」的通信社，對於本國的消息，有許多時候反而沒有迅捷翔實的報道了。

六月中旬的末了一天，下午一時三刻左右，國際社上海分社發了一個電話給大晚報編輯部，說：「頃得紐約報告，法國業已向德軍投降，電稿立即送達」，編輯部中頓時起了騷動。大家原在期望貝當元帥猶能力排賴伐爾一系之失敗主義之支配，遷都非洲屬地，統率海外軍隊暨法帝國的艦隊堅持對德的抗戰，以爭取最後的勝利，現在看來，法國的光榮，盟方寄托於大陸方面的期望，全都完了。國際社的「急電」電稿旋即送至，僅寥寥數語，謂「紐約頃接報告，法國業已向德軍宣佈投降」云。對於國際社這一個太快了的報道，我們還存着很多的疑惑。為了這是我們報社特有的消息，是希望它沒有不真確的地方。可是這時候的心理，並不看重新聞的競爭了，甯願這消息是一個謠傳。而且單文孤證，顧着環境的關係，也不能把這一條新聞在報面上過份地浮凸出來的，雖則晚報往往是以出賣「刺激的消息」為其生命線的。但是到了我們的報紙將要上版的時候，大約在下午三時三十分左右，各個通訊社的電報都來證實這一個大大地不幸的消息了。國際社這一個報道，在上海確是比其他通訊社早報告了約莫兩個鐘點。

因為國際社過於迅速地報告了法國投降的消息，霞飛路上的俄文霞報（Shanghai Zaria）館門前的貼報版上的玻璃罩板，也給一位憤怒的法國人打碎了。霞報為上海俄文報紙之訂用國際社電報者，是日下午既得此消息，遂寫一簡報，貼於門前貼報牌上，過路的人紛紛聚觀。一法國人不能忍耐，認為純屬造謠，遂一拳打碎了那貼報版的玻璃罩板。

國際社注意於遠東區的發展，祇是近年來的事情。美國三大通訊社，其注重遠東報道者，以聯合新聞社（Associated Press of America,A.P.）為最早，合衆社次之，國際社最遲。成續則以合衆社為最佳。國際社首先在東京設分社，次及於上海，復次及於香港。該社香港分社的中文稿專用權，是售給何東爵士所有之「工商日報」的。

赫斯脫的黃色報道主義，為他的一系的新聞紙及通訊社裏大部份人員所奉行的。例如——其時香港鬧着「美人魚」楊秀瓊和她丈夫陶柏林鬧蹩扭的事件，國際社也發出很長的電報。

後來，大陸報已不採用國際社電，該社電稿的上海英文報紙專用權，改歸英文大美晚報。因此，中文大美晚報也能看到國際社的電稿，如果有特別的消息的時候，取來改寫過，實行「倫電報」的手腕，因此大晚報便不克獨享國際社獨特消息的利益了。

戰時東南報業遭遇的實際困難問題

東南報業在抗戰第八年代所遭遇之實際的困難問題，尤其爲「匱乏」問題與交通阻礙問題，在三十三年十月五日下午由中宣部東南戰地宣傳專員辦事處主催之歡迎部派視察孫委員義慈暨前綫日報馬社長樹禮的屯溪新聞界茶話會席上，經孫委員縷述視察觀感及馬氏以報業經營者之地位敷陳策略性的意見，有所詳盡檢討。在此五十餘人參加歷時三小時之茶話會中，充滿學術性與技術性研究之空氣，爲屯鎮新聞界空前之盛舉。檢討所得之重要結果而爲報業同人所有盼於孫委員轉達中央提請協助者爲：

（一）希望中央全盤統制社會上對於「文化器材」之浪費，並籲求中央以「文化器材」之實物配給各地報社；

（二）希望郵政當局負起對新聞紙運輸之責任，並放寬運遞書刊之重量；

（三）希望中央確定新聞記者之地位，給以公米及其他生活品配給之待遇，以維持報界之人材；

（四）希望中央撥專機運輸書報雜誌至東南區域，以打破在運輸封鎖下東南文化界飢荒之現狀。

孫委員誠摯表示對報界協力之至意，並宣稱關於書刊運輸問題，已電呈中宣部請向交通部商請將每一單位一百公分之限量放寬至五百公分。中宣部辦事處馮專員有真在其閉幕致詞中，表示辦事處就有關事項之意見，亦將電部建議，以紓東南報業之困難，而共謀蓬勃之發展。

茶會係在孫馬二氏抵屯之第五日舉行。孫委員奉中宣部命，視察西南及東南宣傳事業，新聞事業，及檢政工作。於三月間由渝出發，歷黔桂粵湘贛閩浙等省，於九月二十日抵贛東鉛山，二十五日轉道來皖南屯溪視察，前綫日報馬社長偕行，在上饒及淳安二地略有躭擱，於九月三十日午抵屯。

中宣部東南辦事處發起邀約屯鎮報界同人，於五日下午二時假安徽中央日報社大禮堂舉行茶話會，歡迎孫馬二氏。首由辦事處馮專員有眞致歡迎詞謂：「孫委員在中宣部服務多年，並曾任職於新聞檢查總局，對於宣傳及新聞事業，貢獻甚多。孫委員此來屯溪，曾道出西南東南各地，視察新聞事業，博覽周咨，今日必有寶貴意見指示吾人，實深感幸。前綫日報為抗戰以來對東南文化最有貢獻的機構，馬社長與其同人之努力，吾人欽佩已久。且前綫日報之發祥地即為屯溪，馬社長此來，等於是回娘家，吾人殊願在馬社長之愉快的心情下，一聆其珍貴的意見，作為此間報業之借鏡」云云。

孫委員遂在歡迎聲中致詞稱：「此次出發，歷時甚久，考察之單位甚多，感覺目前國內報業，有共同之缺憾者四，乃（一）發行不廣，（二）出版遲滯，（三）人材欠缺，（四）器材匱乏是也。以言發行不廣——目前全國報紙共有一千餘家，而未逮一千一百之數；其每日總銷行額未及二百五十萬份（單家報紙發行之最高額為六萬份，普通為數千份，能及萬份以上者甚少。「簡報」之發行額往往祇二三百份），此總銷行額乃不及美英蘇等國單家報紙之發行數。

夷考其故，則有一部份報紙係故意壓低其發行額，蓋由於紙張價格高張，多銷一份則多賠一份本錢，勉求報銷而已者一：器材困難，經濟困難，以及人力困難之不允其擴充者二。惟長此以往，報紙之發行量必日趨低落，與宣傳目的背道而馳，足爲隱憂者也。今日之所迫切需要者，報紙不但應發行到鄉村去，到陷區去，還要發行到國外去，衡陽大剛報發行「敵後航空版」，請托空軍携往陷區上空散發；又發行「英文版」，供給盟軍閱讀，此在發行技術上堪爲效法者也。吾人對於國際宣傳方面之經驗爲：（甲）英國人士之號爲「中國通」者，對官方派出人員之言詞，多不肯信任，而所取者爲國民外交代表之表示，彼等多屬自由黨，而在國內頗具勢力；（乙）友軍返國後對我國之觀感，在其國內發生之力量甚大，故任令彼等以道聽塗說之見解帶囘本國，則必造成惡劣之影響。職是之故，對國外之宣傳與對盟軍之宣傳，均屬要舉。而吾報業之任務，乃不僅發行向後方，向陷區，抑亦須向國外也。

「以言出版遲滯，此亦今日各地報紙之通病。由于報紙出版之不早，不速，未能配合公路車，郵班，民船之運輸時刻，遂使較爲僻遠之地，報紙有姗姗來遲之感。現在許多報紙，皆集中於重要市鎮，僻遠之地既須仰賴重要市鎮之報紙供應，而交通不便與出版遲滯之影響，如淳安讀到報紙須在六七天之後，又有若干僻地竟在一個月後，如此「聞」而不「新」，殊喪失「新聞」之意義也。

「以言人材欠缺，今日亦普遍有此病象。主筆編輯之人材缺乏，經理人材亦缺乏。福建有一家報紙，因缺乏主筆人材，致社論出諸抄襲。重慶有一大報，因缺乏經理人材，致業務陷於不振。

「以言器材匱乏，多處地方皆缺乏紙張，電台，銅模等，屯溪則缺乏錫。此等困難或因消息不靈有以致之。試舉一例，上饒沙溪鎮所產之薄型紙，質地甚佳，而每元可購二張；屯溪因缺乏之故，售至五元一張，縱然沙溪產品幅面較爲狹小，但即以三張合一張，猶屬極其便宜。故器材缺乏一事，廣事搜訪，當有助於解決。

「今日報業之重要課題，第一爲發行求其儘量的廣：第二爲出版求其迅速提早，俾能趕上汽車，郵班，民船之班次。」湖南中央日報在邵陽出版，其地瘠苦，廣告缺乏，全賴發行維持，但該報社每月之現金存款常有一二十萬，紙張之積儲亦甚富，其能致此，以發行組織完善，多派專人駐紮外埠，報到即發之故。

「至人材缺乏，當從培植着手。成舍我辦一新聞學校，養成自排字以迄編輯之人材，甚有成效。報社實亦可仿行之。蔣總裁現計劃在中央日報社中經常培養六七位寫評論之人材。

「器材匱乏一點，一方面要靠政府幫助，一方面須賴報社自己用消費合作之方法解決之。中央曾有一計劃，設廠製造印刷機件及紙張油墨等，俾以實物供給有關之黨報報社。此計劃在中全會提過數次，惜以種種關係，未獲通過。」

馬社長繼在歡迎聲中致詞稱：「適纔主席講過，屯溪是前綫日報的娘家，余亦願如歸寧的女兒，講講家里的情形，向諸位作一報告。首先要說的，是抵此後的感覺，非常興奮——六年前的今天，前綫日報在此出版尚不滿一星期。彼時此間新聞事業落後，僅有一位老大哥（徽州日報）而已。報界同人，一桌還坐不滿，現在則報紙家數近十個，同人濟濟一堂，成績更有蓬勃之表現，至足欽佩！其次是前綫日報離屯以後的情形——「本報創刊于二十七年十月一日，至二十八年四月離屯，五月在上饒復刊。當時一切情形，尚感便利，自二十九年以後，物質方面之困難，日有增加。贛東文化落後，求其如屯溪的書店，一家也無。故本社遂決意兼營各種文化事業，在困難之環境中，於二十九年一月成立中國印刷所，同年四月設鉛山造紙廠，六月設前綫通訊社，七月設戰地圖書出版社。三十年一月，以事業有相當發展印刷廠擴充至四所，分佈上饒，廣豐，崇安三地。三十一年初，全體人員，近一千人。不幸遭浙贛事變，竟受慘重損失。當浙贛戰事發生時，本報決定：敵人不到上饒，決不撤離。除先將不必要之物資運離外，準備出版至最後一刻。六月初，軍事當局已作改守新陣地之決定，本報仍留員工六十名及一部機件在上饒，並商借武器，作自衛之用。十三日晨三時，前敵部隊以電話通知報社請速撤離上饒，此時報紙已排竣，遂決心俟印出以後再撤退，至上午七時印成數千份後員工乃抬機器而走。此時炮彈已落在報社附近爆炸。時洪水暴發，交通阻滯，且因最後撤退之遲滯，致在崇安途中，遇七月九日之轟炸，員工及家屬十有八人犧牲於敵機暴行之下。嗣後撤退至建陽，至七月二十二日，在萬分艱困之環境中，仍將報紙復刊，先是有一印刷工場設在崇安武夷山，至是乃遷至建陽。遷播既苦，復以閩北水土苦劣，病者良衆，有一時期，整個報社似一病院，悽慘異常。至三十一年年底，因贛東各地已告規復而秩序復原，乃遷回上饒出版。建陽一版亦同時發行，迄三十二年春因物資艱困乃廢刊。上饒版至本年八月遷至鉛山出版。此本報離屯以後六年來艱困維持情況之報告也。」

馬氏繼提出其與在座同人之交換意見謂：「吾人係在同一戰區內辦報者，彼此有共通感到的困難。宣傳專員辦事處爲東南方面宣傳事業之最高機構，孫委員乃代表中央視導東南新聞事業者，今吾人站在報人之立場上，表示一點意見。孫委員適纔所指出之報業缺憾，實際上正爲報紙經營者所共感之困難——第一、發行不廣乃抗戰以來交通不便原料太貴所造成之畸形現象。報紙本以發行額廣大爲光榮，即以其商品性質言，亦以發行愈多愈佳。無如年來原料價格飛漲，而報紙之售價，則不能按其比例增漲；蓋報業經營者均有一種自制之心理，認爲不能過分加重讀者之担負，故自己統制報價，其結果之所致，則原料價格相差太遠，有不堪賠累之苦。關於此點，甚望：（甲）限制「文化原料」，不使浪費；（乙）掌握「文化原料」。物資果然缺乏，即用草紙印報，也是痛快的，但今日之現象如何？一面爲報紙用低劣之紙張油墨印刷，一面則爲香煙盒用漂亮之紙張油墨精印。故有請於政府，當對「文化原料」予以切實之統制，而又操縱物資以分發報界應用者也。

「第二、發行太慢，乃運輸機關不能配合爲其阻礙之主因。上饒屯溪相隔才四百公里，郵政不能按日傳遞，故報紙寄遞遂形遲滯，又或有後寄先到，先寄後到，錯綜不一，甚至中途遺失。若長途漫漫，則情況更壞，本社所訂購之重慶自由西報，平均每個月祇收十五份，餘均石沉大海，未知去向。郵政寄遞書籍，以一百公分爲限。戰地圖書出版社於三十年下半年出版書籍七十種，其中二十四開本五六百面者均無法寄出，留在福建棧房中，被蟲子吃了，此乃吾人所大感痛苦者。夫文化流通，郵政應加配合，希望中央切實予吾人以幫助，使文化能收暢通之效。如果每一郵局皆肯負責，報紙有秩序的迅捷運輸一事必能辦到。鉛山本報，每晨皆能送到上饒，因郵局肯負起此一責任故也。浙贛事變以前，浙西定戶，時常不能收到本報，經派人沿路調查，至某地乃發現報紙堆在局房中；經交涉後，始獲改善。報紙運輸一事，如全由報社派專差担任，非力所能勝，惟有獲得郵政之切實協助，始克臻效。

「第三，人材缺乏，經在屯溪觀察，亦見此種困難。今日記者之地位，已受人尊重，上海同業在敵僞環伺下之數載奮鬥，更提高記者社會上之地位。故日前新聞人材之缺乏，決非由於鄙夷斯業之故，而實由於生活之難以維持。直屬黨報及軍辦報紙，其服務人員可獲公務員及軍人之待遇，但報紙不能發國難財，待遇無法提高，是使人視從事報業爲畏途也。學生教員，今日得獲公米之供應，記者則無。現時社會人心之維持，智識之供給，幾全爲報紙之功蹟，至少其功不在教育之下，乃教育界與新聞界之待遇，有此天淵之別，實爲不幸之事。故吾向行政當局呼籲，確定吾人之地位，優給吾人以起碼公務員之待遇。生活苟得一保障，人材自可望充實。

「第四、稿件缺乏爲今日東南地帶報紙共感之困難。蓋今日此間報紙之資料，多賴後方之供應，自西南與東南間交通受阻以來，乃大感困難，或謂稿件缺乏乃稿費不豐所致。此言似是而非；蓋寫稿者與辦報者相同，都有一股傻勁。其工作未必完全在乎幾文錢。實際上稿件之缺乏，係因作家之情緒欠佳，以及資料缺乏所致。此地大家所看到的，不過是這幾份報，一切資料，我知卽你所知者，是故運輸封鎖，實使人無法寫文章了。以前上饒並無屯溪樣的書店，本報乃派人坐鎮桂林，採辦圖書來饒發售，陸續運到書籍數噸，門市部看書購書之人，擁擠不堪，於此可見文化飢荒情形之一斑。亟應及早計劃呈請中央按期調撥專機運輸本報至西南並運書報東來，以達文化交流之目的。」馬氏之結論稱：「今日報業之主要的困難，在未得社會之同情：社會但認報紙爲一公器，視作應有之享受，而不予以應負之義務。實際上報紙經過之生產過程，亦須有酬報以維持其賡繼，英美報紙之單家銷路達一二百萬份者，以報紙成爲企業故也：如不能平衡收支，發展爲不可能之事。最近會與友人討論「報社究爲一什麼機關」之問題——有主張此係一社會事業，引證世界報學權威廉博士「報紙爲一專業而非商業」之說：亦有反對此說，而謂報紙之生產過程與任何商業相同，即以原料製成物品而出售者。但報紙畢竟有與純粹商業不同之處，爲：（甲）普通商品，在消費者方面出路甚多，報紙則辦得最好，每一消費者也祇要一份，不會像襪子毛巾似地多買幾件；（乙）報紙利於新而不利於舊，故無人囤積報紙，抗戰以來，百物皆有人囤，獨無囤報紙者，辦報者吃苦之處，即在於此。今日求報業之發達，應當爭取每人都能讀報，故非一人要一萬份報，而係一萬人要一萬份報。社會上能寄報紙以同情，能改變對報之心理，即報紙獲得發展之時機。抗戰以還，全國文化水準均有進展，閱報者正在激增中。此一市場正在開發途中，盼吾同業，互相努力，發展此一市場也」云云。

馮氏詞畢，孫委員繼對郵運事項向部提出建議事作一報告。馮專員乃代表列席者向孫馮二氏致謝，謂：「凡所起壓鍼肓，對此勝利期近時間之益爲增重的困難所有裨於解決的高見，使屯溪報業獲益良多。檢討所得之結果，孫委員將向部報告，本處亦將向部建議」云。

图书在版编目（CIP）数据

新闻史上的新时代 / 胡道静著．—北京：中国传媒大学出版社，2018.3
（中国近代新闻学名著系列丛书 / 芮必峰主编）
ISBN 978-7-5657-2243-1

Ⅰ．①新…　Ⅱ．①胡…　Ⅲ．①新闻事业史—中国—民国　Ⅳ．① G219.296

中国版本图书馆 CIP 数据核字（2018）第 042617 号

中国近代新闻学名著系列丛书
芮必峰　主编
新闻史上的新时代
XINWENSHI SHANG DE XINSHIDAI

著　　者　胡道静
策划编辑　司马兰　姜颖昳
责任编辑　姜颖昳
封面设计　拓美设计
责任印制　阳金洲

出版发行　中国传媒大学出版社
社　　址　北京市朝阳区定福庄东街 1 号　　邮编：100024
电　　话　86-10-65450532 或 65450528　　传真：010-65779405
网　　址　http://www.cucp.com.cn
经　　销　全国新华书店

印　　刷　北京华联印刷有限公司
开　　本　787mm × 1092mm　1/16
印　　张　6.5
字　　数　90 千字
版　　次　2018 年 6 月第 1 版　2018 年 6 月第 1 次印刷

书　　号　ISBN 978-7-5657-2243-1/G · 2243　　定　　价　38.00 元